中国股权慈善报告

ZHONGGUO GUQUAN
CISHAN BAOGAO

中国慈善联合会慈善信托委员会 编

中国社会出版社
国家一级出版社 · 全国百佳图书出版单位

图书在版编目（CIP）数据

中国股权慈善报告 / 中国慈善联合会慈善信托委员会编 . -- 北京：中国社会出版社，2023.3
ISBN 978-7-5087-6856-4

Ⅰ. ①中 ...　Ⅱ. ①中 ...　Ⅲ. ①股权管理 – 慈善事业 – 研究报告 – 中国　Ⅳ. ① F279.21 ② D632.1

中国国家版本馆 CIP 数据核字（2023）第 027132 号

出 版 人：程　伟　　终 审 人：李新涛
责任编辑：陈　琛　　责任校对：张　迟
封面设计：尹　帅

出版发行：中国社会出版社　　地　　址：北京市西城区二龙路甲 33 号
邮政编码：100032　　编 辑 部：(010)58124856
网　　址：shcbs.mca.gov.cn　　发 行 部：(010)58124864；58124848
经　　销：新华书店

印刷装订：北京虎彩文化传播有限公司
开　　本：170 mm×240 mm　1/16
印　　张：15.5　　字　　数：200 千字
版　　次：2023 年 3 月第 1 版　　印　　次：2023 年 3 月第 1 次印刷
定　　价：82.00 元

中国社会出版社微信公众号　　中国社会出版社天猫旗舰店

编委会成员名单

目录
Contents

序

人类创造财富的历史上，股份、股权、股票的出现，既改变了财富形式，同时也改变了财富的轨迹。早在宋代，中国商人们就开始以合股、合伙、合本、斗纽的方式，进行股份制探索。在西方，1555年英国莫斯科公司的成立，被认为是世界上最早的股份有限公司，而1600年成立的英国东印度公司被称为世界最早的永久股份制公司。1602年3月20日，荷兰的东印度公司更开创了人类历史上最早的股票交易市场。20世纪80年代开始，中国进行股份制改革，诞生了1983年成立的当代中国第一家股份制企业——深圳宝安联合投资公司；1984年7月20日，北京天桥百货股份有限公司成立，自此，中国有了第一家可以公开发行股票募集社会资金的股份有限公司；1990年12月19日，上海证券交易所正式开业，标志着中国股票交易市场开场。从此，中国财富就与股票、股份、股权结下不解之缘。

有关统计数据显示，截至2019年底，我国居民总资产574.96万亿元，其中股票及股权资产170.21万亿元，占居民总资产的比重达29.60%，是仅次于住房资产的第二大居民资产类型。此外，根据国家市场监督管理总局披露的数据，2012—2021年，我国民营企业数量从1085.7万户增长到4457.5万户，10年间翻了两番，民营企业在企业总量中的占比由79.4%提高到92.1%，在稳定增长、促进创新、增加就业、改善民生等方面发挥了重要作用，成为推动经济社会发展的重要力量。

中国人在创造世界财富奇迹的同时，也创造出新的财富精神，演绎出当今中国的各种慈善传奇，而股票、股份、股权，又为中国慈善故事添加了最精彩的华章。

2020年，我国共接受境内外慈善捐赠2253.13亿元人民币，全年国内生产总值（GDP）为101.9万亿元。在传统的慈善模式下，慈善捐赠占GDP总体量仍然较低，占574.96万亿元的居民总资产的比值更低，如何为国民参与慈善事业拓宽路径，鼓励更多的资源涌入公益慈善行业，成为一个值得思考的问题。

2011年，曹德旺先生将福耀玻璃3亿股（过户当日市值35.49亿元）捐赠给河仁慈善基金会，推动财政部、国家税务总局出台《关于企业公益性捐赠股权有关财务问题的通知》，开创了股权捐赠的先河。2018年，鲁伟鼎先生将其持有的万向三农集团有限公司（以下简称“万向三农”）6亿元出资额对应的全部股权无偿设立鲁冠球三农扶志基金慈善信托，经资产评估，以2020年6月末为基准日，鲁冠球三农扶志基金慈善信托全部资产价值141.79亿元。此外，牛根生（境外设立公益信托）、何享健（1亿股）、安徽迎驾集团股份有限公司（以下简称“迎驾集团”）（4000万股）、爱尔投资有限公司（以下简称“爱尔投资”）（1亿股）、海亮集团有限公司（以下简称“海亮集团”）（1亿股）、万科企业股资产管理中心（2亿股）等股权捐赠及慈善信托案例相继落地，股权捐赠已经成为越来越多企业和企业家的选择。

可见在私人财富结构变化、民营企业旺盛生长的新时代，股权慈善是一种扩大慈善规模、拓宽慈善资源、推动慈善事业可持续发展的选择。它在不给私人利益造成直观损失的同时，将巨额私人财富变为公共财产，是一种更容易让高净值人群接受的慈善模式。

我们作一个假设，让庞大的民营企业家群体选择将股权卖掉，以所获得的现金进行捐赠，或者将股权直接捐出或设立慈善信托，股权所得分红及孳息用于公益事业。相信绝大部分企业家都会选择后者。股权对于民营企业家或者持有者来说，不仅是财富的一种形式，也是参与和推动我国经济发展的源泉和动力，只要保留股权存在的形式，民营企业家就能够继续发挥有效管理的作用，不会给民营经济的根本造成损伤。

习近平总书记在2018年11月1日上午召开的民营企业座谈会上曾指出：“对有股权质押平仓风险的民营企业，有关方面和地方要抓紧研究采取特殊措施，帮助企业渡过难关，避免发生企业所有权转移等问题。”①一家成功企业的背后，往往有数以千计、万计的劳动工作者，民营企业所有权发生转移，往往不利于企业的经营与管理。而如果仅将股权捐赠或设立慈善信托，企业家或其继承人保留公司的管理权，通过合理的机制设计将企业的经营管理传承下去，可在保持民营企业助力我国社会主义市场经济发展、政府职能转变、农村富余劳动力转移、国际市场开拓等职能的同时，将更多的财富回馈社会，促进公益慈善事业发展。

尽管股权慈善在发展期望中被赋予很高的评价，但其面临的落地难、管理难、操作难等问题十分具体，是阻碍股权慈善落地及快速发展的重要原因。比如 2017 年何享健先生宣布以 1 亿股美的集团股份有限公司（以下简称“美的集团”）股权设立慈善信托计划，但实践操作中存在的高额税收问题，导致最终捐赠人只能以股权收益分红来设立慈善信托。股权慈善信托税收制度不完善是导致落地难的重要原因之一。而对于接受股权捐赠或受托的机构而言，持有股权所面临的管理风险与监管风险也很大。在发展的大背景下，基金会或者是慈善信托受托机构会因为股价波动风险，带来内部对股权的管理制度、监管制度不完善，缺乏专业的管理人才等一系列问题，且在持有非上市公司股权时，由于非上市公司管理运作缺乏公开透明性，种种问题还会更加复杂，给基金会与慈善信托受托机构带来声誉风险。

股权慈善虽然面临种种问题，但其仍是作为助力第三次分配落地的最有效途径之一，通过捐赠股权自愿助力公益慈善活动的开展，为解决社会问题、促进社会主义精神文明建设提供持续资金支持，同时，融合了企业、社会组织、有影响力的个人等社会力量，为调节社会收入和均衡财富阶级提供助力，未来具有巨大的发展潜力。

是为序。

蔡概还

2022 年 5 月

---

① 习近平．在民营企业座谈会上的讲话［M］．北京：人民出版社，2018.

前　言

慈善是人类社会追求公平、表达关切、传递友爱的基本方式。在社会发展不同阶段，慈善的内涵和运作机制有差别。早期慈善主要用于扶贫、济困、赈灾，以解燃眉之急。近现代以来，公益事业逐渐兴起，公益慈善已经成为社会资源分配的一种重要手段。人们通过捐赠财产或者提供服务，改善困难群体的生活状况，促进教科文卫事业发展、保护和改善生态环境。

坚持共同富裕方向，是新时代我国经济和社会发展的基本原则。公益慈善作为第三次分配手段，能够直接改善社会财富分配结构，是促进社会公平，增进民生福祉的基础性制度安排。但从世界各国和地区的实践看，通过公益慈善直接的财富分配占 GDP 的比例不高，我国在 2021 年不超过 0.15%，美国占比最高，也只有 2%左右。这些资金中有一些是流向教育、艺术、环境保护等领域，并不是完全让低收入群体受益。因此，有必要挖掘公益慈善在直接分配社会财富之外的其他功能，探索能够实现共同富裕的创新方式。

公益慈善是社会财富的再分配，也是社会资源的再分配。人力资源、市场信息、参与机会、谈判能力等都可以通过公益慈善制度安排进行配置。例如，慈善信托以信托财产为核心，由专业机构和专业人员管理运用慈善财产，与其他市场主体获取相同的机会参与市场活动。慈善信托的受益人也可以借助慈善信托的资源集合优势，参与市场活动。通过持续、深度融入市场，公益慈善不仅通过分配存量的财富解决社会公平和贫富差距问题，更重要的是可以参与并影响市场要素的配置，在初次分配环节实现相对的社会公平。

公益慈善能够弘扬慈善文化，重塑社会的价值观念和制度规则，引导、完善市场对劳动、资本、土地、知识、技术、管理、数据等生产要素的评价机制，影响政府政策的制定，将社会公平、人文关爱等慈善理念植入初次分配和二次分配。慈善活动和慈善文化能够优化市场机制，促使市场自觉完善交易规则，调适自身的弊端，弥补因自然垄断、信息失真、价格失灵等导致的市场失效缺陷。政府根据整个社会的收入公平、分配公正及公共产品的合理配置等需求，制定公共政策，通过财政税收和货币金融等手段分配社会资源。

各国和地区实践表明，实现共同富裕，首先要提高整个社会的经济发展水平，不断改革、创新，通过产业升级推动经济高质量发展。其次，运用税收政策和社会保障机制为社会提供均等化的公共服务。同时，以第三次分配为调节机制，缩小收入差距。为充分发挥公益慈善在初次分配、二次分配中的作用，欧美等国家还探索了战略慈善、社会影响力投资、股权慈善等创新慈善活动。

股权慈善区别于传统以货币、实物捐赠为主流的慈善，是一种新型慈善活动，是以股权作为慈善财产，或者运用慈善财产进行股权投资，充分发挥股权这种财产形式的独特优势，以满足慈善目的的多样性需求。在我国，股权慈善的优势虽逐步被各界所认可，已经出现一些有影响力的实践活动，国家政策层面也逐步打破了股权捐赠形式和高额税负的壁垒，为我国股权捐赠打开了一条绿色通道。但是，由于文化观念、配套机制、法律政策等各方面因素的限制，股权慈善实践发展进程缓慢，不能满足现实的需要。关于股权慈善的系统理论探讨和研究尚属空白，对股权慈善实践经验的总结、国际经验的借鉴、法律政策和配套机制的制定与完善等缺乏统一的认识和指导。

本书是中国慈善联合会慈善信托委员会承担的中国股权慈善报告课题研究成果。系统总结了国内外的股权慈善实践经验，对股权慈善的概念、类型、特点、功能、模式以及经济基础与社会基础进行了全面阐释，构建了股权慈善的理论分析框架。所引用的国内外案例和相关资料数据，均来源于直接的实践总结、一手资料和权威文献。

本书阐述的概念、类型、理念和分析方法可以为公益慈善领域的理论研究、政策制定、从业人员等专业人士提供理论支持和实践指导。分享的案例不可避免具有个性化特点，应用的场景取决于时间、地域、经济和社会背景等多种因素，但是，案例所反映的原理、趋势、经验和方法可以为我们提供解决问题的思路和有益启示。

我国正处于经济和社会转型发展的关键期，需要在借鉴国际经验的基础上创新实践，探索出符合中国社会现实需求的公益慈善机制，促进社会公平，助力共同富裕。股权慈善是公益慈善活动的一个组成部分，其功能和作用是有限的。但是，股权慈善与战略慈善、社会影响力投资等新型公益慈善机制具有相同或相近的理念、模式和方法。本书的案例资料、实践运用和研究方法，可以运用于其他公益慈善的创新探索，以期从不同角度和维度推动公益慈善事业的发展。

希望本书对各位读者能够有所裨益。

编者

2022 年 3 月

第一章

股权慈善概述

第一节　股权慈善的概念

2016年，《中华人民共和国慈善法》颁布，开启了我国以法促善、依法行善的新时代，现代慈善事业迎来新契机。在政策环境利好趋势、高净值人群责任担当、战略慈善系统践行的背景下，股权慈善作为慈善事业发展的新风向，在推动我国公益慈善事业高质量发展实现路径中发挥着日益重要的作用。

一、股权慈善相关概念

（一）慈善

1. 慈善的缘起

在全世界范围内，慈善（Philanthropy）都是一个历久弥新的话题，人们对这项历史悠久而又普遍存在的传统经历了一个漫长的理解与实践过程。[①] 在现代英语中，“慈善”通常被定义为“因爱而生的情感及行

① Philanthropy的词源可追溯至公元前5世纪古希腊悲剧神话《被缚的普罗米修斯》，提坦巨神普罗米修斯哀悯人类的苦难，因而从天神宙斯处盗取火种给人类使用，并给予人类生存的希望。普罗米修斯因而被宙斯锁铐在悬崖上受罚，每天被一只鹰啄食心脏，而后他的心脏又新生，如此日复一日。普罗米修斯的行为在剧中被称为philanthropia，意为“爱人类”。到18世纪，美国神学家乔纳森·爱德华兹在《慈善及其果实》中写道：“在日常对话中，人们所谓的慈善，指的是希望别人变成最好，往最好的方面想别人，并使自己的言行向善；优势，这个词也指向穷人布施。”但是这些事只是慈善这个伟大美德的某些分支或成果……这个词合理的意思是爱，或者感觉另一个人很珍贵的一种内心倾向或情感。这个词的原型（博爱）——现在已经被翻译为“慈善”——其实更应该翻译成“爱”，因为这才是合适的英文的对应词。所以，《新约》中的慈善等同于基督徒的爱。但是，虽然它经常被用于指称对人的爱，但有时它并不仅仅指涉对人的爱，还包括“对上帝的爱”。人们通常认为，“慈善”同时包含了对神的情感和对人的爱。

为”。罗伯特·L. 佩顿教授提出慈善是“为公众谋福利的志愿行为”[①]。在佩顿看来，人们通过志愿行为来实现两种目的：一是缓解与自己没有正式关系或者法律责任的人的痛苦，这个目标在于满足基本诉求，包括提供食物、住所、医疗等；二是改善社区的群体生活质量，这个目标在于提高社会生活品质，包括提供文化、教育、娱乐等。慈善推动了社会科学、自然科学的不断进步，从某种程度而言，全球的人们都以某种形式从慈善中受益[②]。在世界各地，慈善伴随着文化的多样性而呈现出各种独特的样式。佩顿认为：“任何社会的慈善传统都有具体的文化内涵。……不同的宗教准则、不同的国家英雄、不同的寓言资源以及不同的民族经济模式，都会使得慈善传统变得不同。”[③] 慈善的规模、范围对社会、政治、经济、科技等事务发挥着重要的影响。

在近代以来的慈善实践中，西方进一步廓清了“Charity”与“Philanthropy”的区别，奠定了现代慈善的基础[④]。两者都是指出自爱心而帮助需要的人[⑤]。Charity，代表“基督之爱”，是由教会代表上帝赐予的一种仁慈的恩惠，在行动上表现为以宽厚仁慈之心乐善好施，主要用来满

① 罗伯特·L. 佩顿（Robert L. Payton，1927—2011），美国首位慈善学教授，印第安纳大学慈善研究中心创始人之一。毕业于芝加哥大学，曾任埃克森美孚教育基金会（Exxon Education Foundation）主席、霍夫斯特拉大学（Hofstra University）校长、C. W. Post 学院院长以及林登·约翰逊总统时期的美国驻喀麦隆大使。在慈善领域著述颇丰，著有《慈善：致力于公益的志愿行为》一书，与迈克尔·P. 穆迪（Michael P. Moody）合著有《慈善的意义与使命》。罗伯特曾于 2003 年获得约翰·W. 加德纳（John W. Gardner）领导奖。

② ［美］罗伯特·L. 佩顿．慈善的意义与使命［M］．郭烁，译．北京：中国劳动社会保障出版社，2013：23—24，40—41.

③ ［美］罗伯特·L. 佩顿．慈善的意义与使命［M］．郭烁，译．北京：中国劳动社会保障出版社，2013：51.

④ Charity 有“施舍”“救济”之意，强调短期的救济与援助行为。Philanthropy 意义上更接近我们所言的“公益”“慈善”，代表了广义的对人类的爱，是通过促进人类福祉的努力所呈现出的善意，更强调持续的改善和长期的发展。此前英语世界多用 Charity 描述“慈善”，1967 年，《国际社会科学百科全书》以“Philanthropy”作为慈善的正式名称。在英国，经过数百年的演进，Charity 与 Philanthropy 的含义也有逐渐趋同的倾向。英国 1601 年《慈善用益法》中对 Charity 的用途仅限于济贫、宗教、社区、教育四个领域，到 2006 年修订的《慈善法》则将 Charity 扩大到环境保护、文化艺术等 13 个领域，使用上已经与 Philanthropy 比较接近。

⑤ 资中筠．财富的责任与资本主义演变［M］．上海：上海三联书店，2015.

足饥民、患者、贫苦人的直接消费需求，而不是用于公共事业。Philanthropy，由两个拉丁字根“phil”和“anthropy”组成，代表“人类之爱”，引申为促进人类的福祉，较之前者社会性更强，覆盖面更广，更侧重长远效果，主要指民间个人捐赠于公共事务（教育、研究设施、公共建筑、体育、水利设施等）。

在从古希腊、希伯来而来的西方传统中，“慈善”有着非常明显的道德性要求。而我国久远的慈善史也表明，“慈善”是德心与行为高度统一的行为。中华文化自古强调积德行善、扶危济贫，其中著名典故如三散千金的范蠡、捐宅兴学的范仲淹、施粥赈饥的刘宰等。公益慈善价值观可谓贯彻中华传统，中华文明已在积德行善的道路上前行了数千年①。“慈善”一词缘起及释义，古已有之。在我国传统文化典籍中，“慈”是“爱”的意思，如孔颖达疏《左传》有云：“慈者爱，出于心，恩被于物业。”又曰：“慈为爱之深也。”《国语·吴》中“老其老，慈其幼，长其孤”的“慈”即为此意。“善”的本义是“吉祥，美好”，即《说文解字》中所解释的“善，吉”，后引申为和善、亲善、友好，如《管子·心术下》中所说的“善气”。二字合用，则是“仁善”“善良”“富于同情心”的意思，如《北史·崔光传》中所讲“光宽和慈善”②。

2. 慈善的发展

综上所述，从国内外慈善概念的渊源可以看出，慈善的本源是“爱”，即怀有仁爱之心谓之慈，广行济困之举谓之善，慈善是仁德与善行的统一。在我国现代慈善发轫（1978 年）之前，人们很难区分“慈心善举”的狭义慈善和“天下为公”的广义慈善，对“中国式”慈善的学

---

① 清华五道口全球家族企业研究中心．中国超高净值家族公益慈善研究报告［EB/OL］. http://www.pbcsf.tsinghua.edu.cn/upload/default/20191223/8d8cfcbb86f73e1705d0d 33d07755b82. pdf.

② 深圳国际公益学院．中国家族慈善指南——家族财富、事业与精神如何永续传承［M］．北京：北京时代华文书局，2021.

术总结也并未在我国得到传播①，因而这种含混的理解在一定程度上影响了现代慈善在我国的发展。2016 年，我国慈善法颁布并实施，开启了以法促善的新时代，在一定程度上结束了这种对慈善理解的含混状况②。综观发展，我国正从传统慈善向现代慈善大步转型。

传统慈善以扶贫、济困、赈灾等为主。在 2010 年以前，国内年度最大捐赠纪录保持在亿元量级，捐赠形态以现金、房地产或物资为主，其间亿元捐赠者主要来自制造业、房地产等行业，捐赠用途以扶贫济困、救灾、助学等“托底”类慈善目标为主，捐赠对象多是政府、官办慈善组织或大学基金会。对于捐赠使用管理和项目效果，多数捐赠人没有特别要求。很多华侨和东南沿海一带“先富起来”的企业家是早期大额捐赠者的代表，他们的捐赠以“回报家乡”为主，有些兼有提高、改善政商关系或遵从宗教信仰的要求。这一时期的慈善家代表有黄如论、朱孟依、王健林、曹德旺等人③。

从传统慈善到现代慈善，是从“授人以鱼”到“授人以渔”的转变。现代慈善是一个专业系统，需要通过专业组织和职业团队的运营，采取专业管理和专业工作手法来保证善款善用，达成捐赠人初衷，实现社会问题的改良和解决。现代慈善的主要特征是组织化、专业化、可持续，“组织化”是前提条件；“专业化”是指采取有效、高效的模式，其慈善产品或公共服务可被复制或带来规模化效应；“可持续”既指慈善项目可持续运行能力，也指慈善财产的可持续，更意味着善款使用和组织

① 1912 年，朱友渔在提交给哥伦比亚大学的博士论文 The spirit Chinese Philanthropy：A Study in Mutual Aid 中，首次系统梳理了我国古代慈善事业传统及其精神。中译本《中国慈善事业的精神》由商务印书馆 2016 年出版。书中认为“中国式慈善”可以分为三类：一、严格意义上的慈善，即向贫民提供无私的帮助；二、互助，或通过互利帮助实施救济和保护的方式；三、公民改善，或通过居民自愿合作方式促进民众福利。

② 我国慈善法扩充了“慈善”的理念和内涵，采用了广义慈善的定义，将教育、科学、医疗、文化、体育、环保、社会服务等领域全面纳入慈善事业的范畴之内。这一定义强调了慈善的社会公益属性，具备现代慈善的特征。

③ 深圳国际公益学院．中国家族慈善指南——家族财富、事业与精神如何永续传承［M］．北京：北京时代华文书局，2021：54.

运作过程中须公开透明、取得公众信任。王振耀认为，“现代慈善事业的发展需要发达的慈善组织。从一定意义上说，现代慈善就是组织慈善”。[①]随着2004年6月1日《基金会管理条例》正式颁布实施，国内第一家企业基金会香江社会救助基金会注册成立，这一法律设置为我国从传统慈善向现代慈善过渡提供了制度保障和实现路径[②]。自2008年之后，我国民间慈善事业井喷式发展，越来越多的基金会、民办非企业单位（现在称社会服务机构）、社会团体设立，以组织化运营、专业化管理的方式探索现代慈善之路。

慈善法第三条规定，慈善活动是指自然人、法人和其他组织以捐赠财产或者提供服务等方式，自愿开展的下列公益活动：

（一）扶贫、济困；

（二）扶老、救孤、恤病、助残、优抚；

（三）救助自然灾害、事故灾难和公共卫生事件等突发事件造成的损害；

（四）促进教育、科学、文化、卫生、体育等事业的发展；

（五）防治污染和其他公害，保护和改善生态环境；

（六）符合本法规定的其他公益活动。

（二）股权

1. 股权的概念

股权，指出资者（即股东）通过持有公司股份而拥有的权利。在公司制企业中，根据出资人的不同，股权分为国家股权、法人股权、自然人股权和外资股权等。股权主要包括以下内容：（1）对股票或其他股份凭证的所有权、处置权；（2）对公司方针性决策的参与权；（3）对公司

---

① 王振耀．从传统慈善向现代慈善跨越［EB/OL］．（2019-09-16）．https：//news. sina. com. cn/pl/2010-09-16/080421113219. shtml.

② 深圳国际公益学院．中国家族慈善指南——家族财富、事业与精神如何永续传承［M］．北京：北京时代华文书局，2021：56.

的收益参与分配的权利；（4）优先购买本公司股票的权利；（5）将记名股票更换为无记名股票或将无记名股票更换为记名股票的权利等①。《关于公益股权捐赠企业所得税政策问题的通知》（财税〔2016〕45 号）文件提道：股权，是指企业持有的其他企业的股权、上市公司股票等。

2. 股权的内容及分类

根据《中华人民共和国公司法》的规定，股权的内容包括投资收益权、表决权、选举管理的权利、公司经营建议权或质询权、知情权、股份或出资的转让权、剩余资产分配权、优先认股权及诉权等。

名词	释义
投资收益权	指股东按照出资或所持股份向公司要求分配盈余的权利，这是股东的基本权利。公司法第四条规定了股东按照投入公司的资本额享有所有者收益权
表决权	指股东按照其持股比例对公司的重大事项行使决策权。按照公司法的规定，无论是有限责任公司还是股份有限公司，都是由股东（大）会对公司的重大问题作出决定，而在股东（大）会决定重大事项时，都是以一定比例的表决权的通过为前提的，而表决权的多少是和股权比例相对应的
选举管理的权利	指在股份有限公司中，股东并不参加公司的管理，公司的管理是由董事会实施的，选举董事是股东控制公司的重要手段。公司法第三十八条和第一百零三条分别规定公司的董事由股东会选举产生
公司经营建议权或质询权	公司法第一百一十条规定，股东有权对公司的经营提出建议或者质询
知情权	公司法第一百一十条规定，股东有权查阅财务会计报告、公司章程和股东大会会议记录。公司法第一百七十六条规定，有限责任公司应按公司章程规定的期限将财务会计报告送交各股东；股份有限公司的财务会计报告应在召开股东大会年会前 20 天置于公司，供股东查阅。以募集方式设立的股份有限公司必须公告其财务会计报告

① 夏征农．大辞海（管理学卷）修订版［M］．上海：上海辞书出版社，2015.

续表

名词	释义
股份或出资的转让权	尽管对于不同形式的公司的出资或股份的转让有不同的法定条件，但是股东原则上具有转让出资的权利
剩余资产分配权	指股东对公司清算时的剩余资产有分配的权利。这一权利的前提是公司的净资产在清算时大于公司的债务。公司法第一百九十五条规定，公司清算后的剩余资产，有限责任公司按股东的出资比例进行分配，股份有限公司按股东持有的股份比例分配
优先认股权及诉权	指股东的权利受到损害时，有权向法院提起诉讼，以保障其股权。股东在公司法律制度下的诉权有两种：直接诉讼和派生诉讼

股权依据不同角度可进行不同分类。根据股权先例目的的不同而对股权的分类，即自益权和共益权；根据股权的行使是否达到一定的股份数额为标准而进行的分类，即单独股东权和少数股东权；根据股权主体有无特殊性所进行的分类，即普通股东权和特别股东权。

名词	释义
自益权 共益权	自益权是专为股东自己的利益而行使的权利，如股息和红利的分配请求权、剩余财产分配请求权、新股优先认购权等；共益权是为股东的利益并兼为公司的利益而行使的权利，如表决权、请求召集股东会的权利，请求判决股东会决议无效的权利、账簿查阅请求权等
单独股东权 少数股东权	单独股东权是股东一人即可行使的权利，一般的股东权利都属于这种权利；少数股东权是不达到一定的股份数额就不能行使的权利，如按公司法第三十九条的规定，请求召开临时股东会的权利，必须由代表公司十分之一以上表决权的股东方可行使
普通股东权 特别股东权	普通股东权是指一般股东所享有的权利；特别股东权是特别股股东所享有的权利，如优先股股东所享有的权利

3. 股权与法人财产权的关系

股权与法人财产权是独立的权利类型。公司法人财产权归公司法人享有，而股权归股东享有，两者有着明确的界限，而在产生、行使上又具有内在联系并存在一定制衡关系。股权与公司法人财产权同时产生，都是投资产生的法律后果。公司作为企业法人享有股东投资形成的全部法人财产权，依法独立享有民事权利、承担民事责任，公司法人可对全部的出资财产行使一切财产权能，具有独立性和排他性，股东不得借股权的名义而随意干涉公司法人财产权的行使。股东通过把自己的财产投入公司，获得一定股权，而失去了对该财产的所有权，公司则对该财产享有所有权，在公司存续期间，股东无权抽回。股东作为出资者，按投入公司的资本额享有股权，包括资产收益、重大决策和选择管理者等权利。而股东（大）会所作出的决议及决定，公司法人必须执行，这正是投资人行使股权的集中体现。所以公司法人财产权的行使，必须考虑股权的要求，公司法人有义务保障股权的实现，这是股权对抗公司法人财产权的一面。

（三）股权慈善

目前，股权慈善尚无明文出处和相关定义，本报告从股权及慈善的相关概念和发展给予释义。

慈善法第三十四条规定："本法所称慈善捐赠，是指自然人、法人和其他组织基于慈善目的，自愿、无偿赠与财产的活动。"第三十六条规定："捐赠人捐赠的财产应当是其有权处分的合法财产。捐赠财产包括货币、实物、房屋、有价证券、股权、知识产权等有形和无形财产。"第八十三条规定："捐赠人向慈善组织捐赠实物、有价证券、股权和知识产权的，依法免征权利转让的相关行政事业性费用。"《慈善组织保值增值投资活动管理暂行办法》（中华人民共和国民政部令第62号）第四条规定："投资活动包括通过发起设立、并购、参股等方式直接进行股权投资。"

随着现代慈善事业的大环境发展，股权作为区别于传统货币、实物捐赠为主流的捐赠财产类型，以其具有许多其他捐赠形式所不具备的优势，如资金的连续性等，正在成为慈善捐赠的一个新风向。股权慈善是以股权作为主要媒介，从事专业慈善活动，其实践类型主要有股权捐赠、股权慈善信托、慈善财产的股权投资。在我国，股权慈善的优势虽逐步被各界所认可，而受政策、法律法规的限制，股权慈善实践发展进程缓慢。

2005 年 1 月，蒙牛乳业董事长牛根生及其家人宣布将其持有的蒙牛乳业股份全部捐赠。牛根生所持有蒙牛的股权分为内地和香港两部分，其在内地所拥有的内蒙古蒙牛乳业（集团）股份有限公司股权，按照公司法规定，以每年 25% 的比例转入内蒙古老牛慈善基金会（以下简称“老牛基金会”），已于 2010 年 7 月捐赠完毕；香港蒙牛公司的股权，牛根生于 2010 年 12 月 28 日在香港宣布，采用公益信托，以质押股权方式转让给瑞士信贷信托公司下设的 Hengxin 信托完成捐赠①。

2009 年 2 月，曹德旺表示将无偿捐赠其所持有的 70% 福耀玻璃工业集团股份有限公司股权用于创建慈善基金会；2009 年 4 月，曹德旺正式向民政部申请成立河仁慈善基金会（以下简称“河仁基金会”），而河仁基金会的设立并非一帆风顺，面临捐股、注册、上市公司股权治理等诸多体制障碍。2017 年 7 月 25 日，顺德企业家、美的集团创始人何享健及其家人宣布重大慈善捐赠体系，何享健承诺计划通过美的控股有限公司捐赠所持美的集团股票 1 亿股，设立由广东省和的慈善基金会（以下简称“和的慈善基金会”）为慈善项目管理与执行人的永续型慈善信托“和的慈善信托”，慈善信托财产及收益将全部用于支持公益慈善事业的发展。自和的慈善信托（计划）提上议程来，在实际推进过程中，因股权作为慈善信托财产的特殊性，目前尚未明确以股权设立慈善信托的税收优惠条款，难以根据现行法规享受税收优惠，因此该笔慈善信托到目前为止尚未落地。为了保证切实履行捐赠承诺，美的控股有限公司从 2018 年起将已宣布捐赠的 1 亿股美的集团股权的收益分红独立核算，并

① 张强，陆奇斌．公益金融创新案例集（2014-2015 年度）［M］．北京：中国社会科学出版社，2016.

直接捐赠至和的慈善基金会。

2018 年 6 月 27 日，万向集团公司（以下简称“万向集团”）董事长鲁伟鼎签署信托文件，以其持有的万向三农集团有限公司股权设立“鲁冠球三农扶志基金慈善信托”。鲁冠球三农扶志基金是我国目前资产规模最大的永久存续的股权慈善信托，在我国股权慈善发展历史上具有标志性意义。鲁伟鼎用股权慈善信托的方式探索公益创新之路，为社会贡献了逾 140 亿元的慈善资产，体现出我国民营企业家的社会担当和慈善精神。

二、股权慈善的产生

（一）制度环境

2016 年 9 月 1 日慈善法正式施行。慈善法从动议到颁布实施，社会各界人士积极参与，促使全社会的慈善意识不断提升、慈善行为更加规范化，推进我国社会组织制度化、专业化发展，同时对促进股权慈善发展发挥了重大作用。首先慈善法中明确了捐赠人捐赠的财产应当是其有权处分的合法财产，包括股权（第三十六条）；同时，明确了依法免征权利转让的相关行政事业性费用（第八十三条），为股权捐赠提供了法律依据。其次，慈善法单独成章规定并明确完善了慈善信托制度，对慈善信托的运行管理作出规定，包括明确慈善信托的设立流程，受托人的管理，信托监察人的设置等，并说明了未规定的内容适用信托法，为慈善信托发展提供了制度保障，开创了慈善信托事业发展新纪元。这促进了信托公司或者慈善组织受托开展慈善信托业务的可操作性，为股权慈善信托业务提供了法律依据。慈善法首次提到了慈善信托的税收优惠问题：慈善信托应当报民政部门备案，“未按照前款规定将相关文件报民政部门备案的，不享受税收优惠”。即按照规定报民政部门备案的慈善信托，在满足一定条件下，可以享受税收优惠。上述规定使慈善信托享受税收优惠有了法律支持。同时，由于慈善法明确了慈善信托的主管机构，民政部门可以慈善信托主管单位的身份，与税务部门沟通、协调并落实慈善信托的相关税收优惠问题。[①]

税制规范作为国家支持慈善事业发展的重要措施，是慈善立法的重要组成部分。我国应根据国情并借鉴国际经验，在慈善立法相关配套法规政策中对慈善信托税制进行专项规范。2016 年 4 月 20 日发布的《关于公益股权捐赠企业所得税政策问题的通知》（财税〔2016〕45 号）文件规定，企业向公益性社会团体实施的股权捐赠，以其股权历史成本为依据确定捐赠额，并依此按照企业所得税法有关规定在所得税前予以扣除[②]，公益股权捐赠企业所得税破题，打破了股权捐赠形式和高额税负的壁垒，为我国股权捐赠打开了一条绿色的通道。2019 年，财政部、国家税务总局发布《关于公益慈善事业捐赠个人所得税政策的公告》（财政部、国家税务总局公告 2019 年第 99 号），其中提及有关个人所得税政策部分，明确了个人捐赠股权的，按照个人持有股权原值确定公益捐赠支出金额，并可按照个人所得税法有关规定在计算应纳税所得税时扣除。股权捐赠在个人所得税的扣除认定上有了明确的规定，一定程度上有助于鼓励个人行为的股权捐赠。

（二）经济环境

根据国内外经验研究，超高净值家族对慈善事业的发展具有至关重要的引领作用。[③] 2006 年，巴菲特宣布将其所持有的 1000 万股伯克希尔公司的 B 股股票捐赠给比尔·盖茨基金会（信托）[④]；2015 年，扎克伯格

---

① 中国慈善联合会慈善信托委员会 . 2016 中国慈善信托发展报告 .

② 中信银行，胡润研究院 . 2017 全球视野下的责任与传承——中国高净值人群财富管理需求白皮书［EB/OL］.（2017 - 11 - 06）. https：//www. chinanews. com. cn/fortune/2017/11 - 06/8369643. shtml.

③ 清华五道口全球家族企业研究中心 . 中国超高净值家族公益慈善研究报告［EB/OL］.（2019 - 12 - 23）. http：//www. pbcsf. tsinghua. edu. cn/upload/default/20191223/8d8cfcbb86f73e1705d0d33d07 755b82. pdf.

④ 屈丽丽 . 比尔·盖茨的“基金会+慈善信托”模式［EB/OL］. http：//www. cfbr. com. cn/news/497. html.

宣布将其所持有的99%Facebook股票（市值约为450亿美元）捐给有限责任公司“Chan Zuckerberg Initiative”[①]，利用股权嫁接信托、基金会甚至有限责任公司架构实现慈善目的已成为境外慈善企业家实现慈善目的的重要尝试。2011年，北京师范大学中国公益研究院（以下简称“中国公益研究院”）首次发布“中国捐赠百杰榜”，曹德旺以10.28亿元捐赠额成为2010年度首善。随后几年，每年的首善几乎都采用了股权、股票捐赠方式，何享健、鲁伟鼎等都创造了捐赠股票价值数十亿元成立慈善信托的纪录[②]。改革开放四十多年，我国已经积累了巨额的社会财富。应该看到，未来十年是我国财富家族规划财富传承的集中窗口期[③]。2021年3月5日，在第十三届全国人民代表大会第四次会议上，李克强总理在《政府工作报告》中提道：“过去五年，我国经济社会发展取得新的历史性成就。经济运行总体平稳，经济结构持续优化，国内生产总值从不到70万亿元增加到超过100万亿元。”[④] 我国经济发展势头迅猛，而随着慈善法的实施使得慈善文化建设更加深入完善，税收政策的改革激励着社会财富向慈善财富的进一步转化，加上技术的进步、经济的发展和个人慈善意识的提升等因素，共同影响和推动着整个中国慈善事业的快速发展[⑤]。

据《中国超高净值家族公益慈善研究》发布所示，超高净值人群的慷慨捐赠归因既有外部因素，也有内部动机。无论是企业家在致富后希望回报社会的强烈责任动机，希望通过慈善捐赠塑造正面的公众形象、赢得良好的社会声誉、提升企业影响力和竞争力、抵扣企业或个人应缴纳税款的税收激励政策等外部归因，抑或是“穷则独善其身，达则兼济

---

① 郭升玺．误会大了，小扎没有设立“慈善信托”［EB/OL］．http：//finance. sina. com. cn/money/roll/20160127/153124222867. shtml.

② 深圳国际公益学院．中国家族慈善指南——家族财富、事业与精神如何永续传承［M］．北京时代华文书局，2021：56.

③ 周小明，赵廉慧．财富传承视角下的慈善信托［J］．当代金融家，2016（7）：79—82.

④ 李克强．政府工作报告——2021年3月5日在第十三届全国人民代表大会第四次会议上［EB/OL］．http：//www. qstheory. cn/yaowen/2021-03/13/c_ 1127205957. htm.

⑤ 中信银行，胡润研究院．2017全球视野下的责任与传承——中国高净值人群财富管理需求白皮书［EB/OL］．https：//www. chinanews. com. cn/fortune/2017/11-06/8369643. shtml.

天下”的家族慈善理念与社会抱负、慈善助力家族累积社会资本和形成智慧资本、促进家庭成员形成统一的价值观和增强成员间的凝聚力等内部归因，超高净值家族逐步成为公益慈善不可或缺的力量①。胡润研究院与建信信托联合发布的《2020 中国家族财富可持续发展报告》显示，面对 2020 年突如其来的疫情，许多超高净值人士通过设立慈善信托，或者运用“财富管理+慈善捐赠”的方式积极参与慈善事业，以家族名义承担社会责任，让家族财富在社会公益领域发挥越来越重要的作用。

（三）社会环境

2015 年，联合国发布 2030 年可持续发展议程（Sustainable Development Goals，SDGs）。随着经济全球化格局变动和“一带一路”倡议提出，越来越多的企业积极对标 SDGs，注重企业可持续发展，将“企业社会责任”纳入公司战略发展重要内容②，战略慈善、公益战略备受企业关注。

“战略慈善”概念最早出现于西方国家，源自企业慈善研究。迈克尔·波特在《企业慈善行为的竞争优势》一文中提到，战略性慈善能有效地改善企业的竞争环境，进而提高企业竞争力，使企业、社会、慈善机构获益。近几年，随着国际交流的增多，战略慈善理念逐渐被我国慈善家了解、认同、实践。战略性是“战略慈善”的关键因素，从价值、策略维度对慈善理念和行为进行规划，具体包括四方面含义：第一，大额捐赠等慈善行为基于使命和社会责任而产生，这意味着捐赠用途能体现出清晰的使命；第二，善款使用聚焦于解决对未来至关重要的根源性社会问题而不是表面现象；第三，能用整体思维，从全局出发、用综合方法、强调合作，提出系统化的解决方案；第四，能发挥捐赠人的独特优势③。

《2017 中国高净值人群财富管理需求白皮书》聚焦家族传承和企业

---

① 光大信托研究报告，第四章 跨界视角下的慈善信托与战略公益衔接与融合研究。

② 深圳市志愿服务基金会，深圳国际公益学院．深圳志愿服务发展报告（2020）［M］．北京：社会科学文献出版社，2021：160.

③ 深圳国际公益学院．中国家族慈善指南——家族财富、事业与精神如何永续传承［M］．北京：北京时代华文书局，2021：60.

家责任两个主题，通过调研发现，我国企业家对于家族传承的重视度不断提高，86.4%的企业家已开始规划和准备家族传承事宜，且对于他们来说，文化传承是最根本的内容，是保证家业长青的基石。另一方面，我国企业家在企业家责任方面的关注度和参与度也与日俱增。对于企业家来说，他们的责任分为三个层级，最基本的经济责任、上层的道德责任以及顶层的社会责任。在责任意识逐渐增强的今天，企业家们不再局限于内部责任，而是更多地参与外部的慈善项目。当然，随着全球化进程的加快，企业家责任必然会站在国际化的角度，具备更为广阔的视野①。2020年7月21日，中共中央总书记、国家主席、中央军委主席习近平在企业家座谈会上的讲话中提到，“企业既有经济责任、法律责任，也有社会责任、道德责任”②。任何企业存在于社会之中，都是社会的企业。社会是企业家施展才华的舞台。只有真诚回报社会、切实履行社会责任的企业家，才能真正得到社会认可，才是符合时代要求的企业家。从传统公益慈善的传承底蕴，到现代公益的潮流趋势，在经济全球化的时代背景下，在人类社会变革进程中，企业被社会赋予了新的历史角色，在追求经济价值的同时追求更深刻广泛的社会影响力。

第二节　股权慈善的类型

一、股权捐赠

（一）概念

葛伟军（2014）认为，广义上的股权捐赠，是指持有公司股权的个人或公司，将其持有的该公司的股权捐赠给第三人。这类股权捐赠，不

① 中信银行，胡润研究院．2017全球视野下的责任与传承——中国高净值人群财富管理需求白皮书［EB/OL］．https：//www. chinanews. com. cn/fortune/2017/11-06/8369643. shtml.

② 习近平．在企业家座谈会上的讲话［N］．人民日报，2020-7-22（2）．

以慈善目的为必要，因此对受赠的第三人并无特别的限制，该第三人既可以是个人，也可以是公司。而狭义上的股权捐赠，则是指以慈善为目的的股权捐赠，即持有公司股权的个人或公司，将其持有的该公司股权捐赠给合格的受赠人①。在我国相关政策法规中，也提及股权捐赠相关内容。比如：《关于企业公益性捐赠股权有关财务问题的通知》（财企〔2009〕213号）文件，首次肯定了股权捐赠的合法性，规定“自然人、非国有的法人及其他经济组织投资控股的企业，依法履行内部决策程序，由投资者审议决定后，其持有的股权可以用于公益性捐款”。再如：《关于公益股权捐赠企业所得税政策问题的通知》（财税〔2016〕45号），称股权捐赠行为，是指企业向中华人民共和国境内公益性社会团体实施的股权捐赠行为；企业向中华人民共和国境外的社会组织或团体实施的股权捐赠行为不适用本通知规定；本通知所称公益性社会团体，是指注册在中华人民共和国境内，以发展公益事业为宗旨、且不以营利为目的，并经确定为具有接受捐赠税前扣除资格的基金会、慈善组织等公益性社会团体。

综上所述，股权捐赠仅限定在以慈善为目的的股权捐赠方面，基于捐赠主体、捐赠客体、捐赠目的三要素，尝试将股权捐赠界定为：自然人、非国有的法人及其他经济组织投资控股的企业，自愿无偿地将其持有的该公司股权合法捐赠给受赠人（具有接受捐赠税前扣除资格的慈善组织）用于公益慈善事业的捐赠行为。

（二）发展概述

1. 制度发展

在2009年以前，股权进行捐赠的形式是被禁止的。《关于加强企业对外捐赠财务管理的通知》（财企〔2003〕95号）第四条明确规定：企业持有的股权和债权不得用于对外捐赠。直至2009年10月20日财政部

① 葛伟军．论股权捐赠的法律规制［J］．清华法学．2014：02.

发布了《关于企业公益性捐赠股权有关财务问题的通知》（财企〔2009〕213号）文件，规定了企业以持有的股权（含企业产权、公司股份）用于公益性捐赠。该文件的出台，标志着我国股权捐赠形式合法化。该规定指出，由自然人、非国有的法人及其他经济组织投资控股的企业，依法履行内部决策程序，由投资者审议决定后，其持有的股权可以用于公益性捐赠。由此，股权捐赠大门正式开启①。

虽然股权捐赠形式获得合法性，但相关税法条例给大额捐赠人带来巨额税负，仍是股权捐赠发展的一大阻碍。根据国家税务总局《关于企业处置资产所得税处理问题的通知》第二条规定，企业将资产用于对外捐赠，因资产所有权属已发生改变而不属于内部处置资产，应按规定视同销售确定收入。企业捐赠股权视同转让股权，要按照股权的公允价（市场评估价值）确定转让收入额，捐赠人需要就股权增值部分缴纳所得税。股权转让涉及的税金，是根据国家税务总局《关于贯彻落实企业所得税法若干税收问题的通知》（国税函〔2010〕79号）第三条规定："企业转让股权收入，应于转让协议生效、且完成股权变更手续时，确认收入的实现。转让股权收入扣除为取得该股权所发生的成本后，为股权转让所得。"②

股权捐赠视同销售产生的高额税负成本，成为股权捐赠的一大障碍，直到财政部、国家税务总局于2016年4月20日发布了《关于公益股权捐赠企业所得税政策问题的通知》（财税〔2016〕45号）文件。该文件的发布与执行，标志着我国股权捐赠真正进入了"零税负"时代，以前高额的股权捐赠税负成本将不复存在。该规定突破了财税〔2008〕160号关于公允价值计价的规定。根据中国公益研究院提炼关键点分析：③

---

① 中国发展简报网［EB/OL］. http：//www. chinadevelopmentbrief. org. cn/customer/details. html？id=24581&type.

② 中国发展简报网［EB/OL］. http：//www. chinadevelopmentbrief. org. cn/customer/details. html？id=24581&type.

③ 中国公益研究院网［EB/OL］. http：//www. bnu1. org/show_ 878. html.

（1）捐赠人：企业；

（2）受赠机构：具有接受捐赠税前扣除资格的慈善组织；

（3）捐赠标的：企业持有的其他企业的股权、上市公司股票等；

（4）虽然企业捐赠股权仍视为转让股权，但是按照捐赠股权的历史成本确认股权转让收入额（注：此前，企业捐赠股权时，因为视同转让股权并按转让股权的公允价值确定转让收入额，使得捐赠人需要就股权增值部分缴纳所得税）；

（5）企业捐赠股权按照股权的历史成本确定捐赠额，并按税法规定享受扣除（注：1. 企业公益性捐赠所得税扣除限额为年度会计利润的12%；2. 慈善法 2016 年 9 月 1 日实施后，企业捐赠额超过当年所得税扣除限额部分可以结转以后 3 年内扣除）；

（6）接受股权捐赠的公益性社会团体，按照股权历史成本开具捐赠票据。

该规定明确企业股权捐赠行为应视同转让行为，股权转让收入额以企业取得股权时的历史成本确定，股权捐赠获得公益税前扣除政策取得突破。企业的股权捐赠行为将不会形成股权转让收益，因此不产生企业所得税，是国家对股权捐赠行为的一项税收优惠政策。2016 年 9 月 1 日施行慈善法，再次明确，捐赠人可捐赠的财产中包含股权；自然人、法人和其他组织捐赠财产用于慈善活动的，依法享受税收优惠；捐赠人向慈善组织捐赠实物、有价证券、股权和知识产权的，依法免征权利转让的相关行政事业性费用（第三十六条、八十条、八十三条）。

2. 发展现状及挑战

随着政策环境的利好，股权捐赠已逐步成为越来越多捐赠人的选择。自 2011 年福耀玻璃工业集团股份有限公司（以下简称“福耀集团”）创始人、董事长曹德旺“中国股权第一捐”以来，2019 年 3 月，迎驾集团将其持有的上市公司安徽迎驾贡酒股份有限公司 4000 万股无限售条件流通股捐赠给安徽六安市迎驾慈善基金会；2020 年 1 月，海亮集团将其持有的上市公司浙江海亮股份有限公司1亿股无限售条件流通股捐赠给浙江海亮慈善基金会（2021年12月31日已更名为“浙江嘉行慈善基金会”）；2020年5月，爱尔医疗将其持有的2000万股爱尔眼科股票捐赠给湖南省湘江公益基金会；2020年6月，牧原食品股份有限公司董事长秦英林捐赠市值8亿元对应数量的牧原股份给杭州市西湖教育基金会。作为慈善捐赠的新形式，股权捐赠逐渐成为我国慈善捐赠的一个新风向。

与传统捐款、捐物相比，股权捐赠在企业发展较为顺利的情况下能持续将股权收益用于慈善事业，实现慈善财产的可持续性发展。股权捐赠从明文禁止到合法支持，从高税负到零税负，既是制度创新的必经历程，也是慈善事业不断改进的一个缩影。当下，股权捐赠在迎来其发展的新阶段的同时，依旧面临不少挑战。第一，企业控制权问题。股权是股东基于股东身份而享有的固有权利，股权捐赠在现行的法律框架下必然要转移股权、变更股东，而这个条款实质上是剥夺了捐赠股权的股东的表决权。而受捐赠的社会组织则成为股东，但社会组织与其他的商业经营主体有很大区别，它属于非营利性组织，其主要负责人通常是非营利领域中的专业人士，普遍缺乏公司运营的能力。第二，税前抵扣的股权评估问题。根据2016年的《关于企业公益性捐赠股权有关财务问题的通知》：在企业实施股权捐赠后，其捐赠额以股权历史成本确定，按照《中华人民共和国企业所得税法》，这一“历史成本”可以在缴纳所得税前予以扣除。而股权取得时与股权捐赠时相隔时间越长，其价值差就可能越大，在此情况下如以“历史价格”来确定企业的捐赠价值，很大可能减少了企业享有的税前扣除金额，相当于税前扣除优惠政策被打了折扣，这在一定程度上影响了企业从事公益的热情。第三，受赠对象税前扣除资格问题。目前我国股权捐赠的受赠对象仅限于境内公益性社会团体，且需符合注册在中华人民共和国境内，以发展公益事业为宗旨、且不以营利为目的，并经确定为具有接受捐赠税前扣除资格的基金会、慈善组织等公益性社会团体。通常在次年公布上年度有扣除资格的公益性社会团体名单，也就是说，企业在进行股权捐赠时，如受赠对象的税前扣除资格尚未确定，捐赠企业能否依法享受税收优惠就存在政策上的障碍，一定程度上会影响企业实施公益股权捐赠的积极性。

二、股权慈善信托

（一）概念

在现有文献资料中，并未对股权慈善信托有明确释义。2001 年 10 月施行的信托法明确规定，公益信托是委托人为了社会公益目的而设立的信托，其目的必须有利于全社会或者社会中的部分公众。信托法第六十条指出，为了下列公共利益目的之一而设立的信托，属于公益信托：

1. 救济贫困；
2. 救助灾民；
3. 扶助残疾人；
4. 发展教育、科技、文化、艺术、体育事业；
5. 发展医疗卫生事业；
6. 发展环境保护事业，维护生态环境；
7. 发展其他社会公益事业。

同时，公益信托的设立和确定其受托人，应当经有关公益事业的管理机构（以下简称公益事业管理机构）批准。未经公益事业管理机构的批准，不得以公益信托的名义进行活动（第六十二条）。

2016 年出台的慈善法，单独成章规定慈善信托制度。明确提出，本法所称慈善信托属于公益信托，是指委托人基于慈善目的，依法将其财产委托给受托人，由受托人按照委托人意愿以受托人名义进行管理和处分，开展慈善活动的行为。并指出，慈善信托的受托人，可以由委托人确定其信赖的慈善组织或者信托公司担任（第四十六条）；慈善信托的设立、信托财产的管理、信托当事人、信托的终止和清算等事项，本章未规定的，适用本法其他有关规定；本法未规定的，适用信托法的有关规定（第五十条）。

综上，根据信托法、慈善法相关规定，慈善信托属于公益信托，捐赠财产包括股权（第三十六条），委托人基于慈善目的，以股权作为信托财产，依法将其所持有的股权委托给受托人（慈善组织或信托公司担任），由受托人按照委托人意愿以受托人名义进行管理和处分，开展慈善活动的行为，为股权慈善信托。

慈善信托最早起源于中世纪的英国。依据信托制度，慈善捐赠者以委托人的身份，基于对受托人的信任，将财产委托给受托人，由受托人按照委托人的意愿管理和处分信托财产，从而实现慈善目的。相比营业信托，慈善信托是一种特殊的信托，应当是基于慈善目的而设立的信托，这也是其他国家衡量慈善信托的首要标准，设立慈善信托不得用于私益，信托财产和收益必须用于慈善活动。慈善活动具体指：开展扶贫、济困；扶老、救孤、恤病、助残、优抚；救助自然灾害、事故灾难和公共卫生事件等突发事件造成的损害；促进教育、科学、文化、卫生、体育等事业的发展；防治污染和其他公害，保护和改善生态环境，以及符合慈善法规定的其他公益活动（未包含宗教事业）。股权慈善信托作为慈善信托的一种类型，具备了慈善信托的特点和适用的一切条规标准，而判断是否为股权慈善信托，则关键在信托财产是否为股权形式，基于股权的特点，股权慈善信托在实践中面临诸如税收优惠等问题的阻碍。

（二）发展概述

1. 制度发展

我国的慈善信托经过了两个发展阶段，第一阶段是2001—2016年信托法时期的公益信托阶段，第二阶段是2016年以后的慈善法慈善信托阶段。2001年我国颁布了信托法，对“公益信托”专列一章，强调“国家鼓励发展公益信托”，但由于相关制度体系尚不完善，故公益信托在我国发展并不顺畅，相对标准的公益信托不过10余单。2016年9月1日慈善法实施，正式明确了慈善信托的法律地位、管理机构、设立程序、受托人范围、监察人等内容，这对我国慈善信托的发展意义重大，给予了慈善信托真正的制度支持，使得我国的慈善信托开始登上历史舞台[①]。

慈善信托与慈善捐赠是在慈善法中明确规定的两种慈善手段，目的都是为了开展慈善事业。慈善信托作为一种新型的慈善方式，与其他慈善方式相比，最大的优势是可以利用信托制度安全、灵活、高效、透明、持久的特点[②]，更好地根据委托人的意愿开展慈善活动。

慈善法的出台，为慈善信托的开展提供了强有力的法律支撑，也标志着我国慈善信托规制体系初步建立。

2. 发展现状及挑战

自2016年9月1日慈善法颁布实施以来，慈善信托发展势头良好，规模和单数持续增长，业务模式创新多样。根据民政部慈善中国信息平台的公开数据显示，累计备案的慈善信托数量达到740单，财产规模达到36.87亿元[③]，覆盖领域涵盖了扶贫、教育、医疗、环境保护、文化传承等诸多方面。

从运作模式来看，信托公司设立的慈善信托多采取和基金会等慈善组织合作的模式，慈善组织在慈善信托中可担任受托人、项目执行人、监察人等不同角色。慈善信托的迅速发展，离不开信托公司和慈善组织的紧密合作。信托公司作为受中国银保监会监管的专营信托业务的金融机构，以管理委托人的资产、实现财产的增值保值等为宗旨，在信托架构设计和资金投资管理等方面具有专业能力和优势，而慈善资金的保值增值正是当下慈善组织所亟须面对的。

作为慈善财产重要组成的股权、不动产所带来的分红和营运收入，是开展持续性慈善事业的重要保障。随着慈善意识的深入人心，我国高

---

① 深圳国际公益学院．中国家族慈善指南——家族财富、事业与精神如何永续传承［M］．北京：北京时代华文书局，2021：117.

② 中国慈善联合会慈善信托委员会．2016中国慈善信托发展报告．

③ 数据来源："慈善中国"平台［EB/OL］．https：//cszg.mca.gov.cn/biz/ma/csmh/e/csmheindex.html.

净值人士以持有的股权等非货币财产开展慈善活动的需求日益增加。而综观慈善信托公开数据，不难发现境内以股权形式设立的慈善信托其实甚少。以股权等非货币性财产设立慈善信托仍存不少政策障碍，慈善法第四十五条规定，慈善信托“未按照前款规定将相关文件报民政部门备案的，不享受税收优惠”。但对于报民政部门并成功备案的慈善信托具体享受什么样的税收优惠政策，尚未有相关的实施细则和配套政策，股权慈善信托推进进程实为缓慢。

第一，慈善信托委托人未能享受委托财产税前扣除优惠。依据现行法规，公益捐赠只要符合税法规定，均可以享受在所得税税前扣除上的优惠政策。如，个人公益捐赠的扣除比例为应纳税所得额的30%，企业公益捐赠的扣除额度是年度利润总额的12%且允许三年结转。但是，慈善信托没有明确的税收优惠。依据财政票据制度相关规定，对于通过公益性社会团体发生的公益性捐赠支出，企业或个人应提供省级以上（含省级）财政部门印制并加盖接受捐赠单位印章的公益性捐赠票据，或加盖接受捐赠单位印章的《非税收入一般缴款书》收据联，方可按规定进行税前扣除。可以理解为慈善组织作为执行人开展慈善信托业务的过程中，可以提供公益性捐赠票据。在实际操作中，信托公司作为受托人，由于不符合公益性捐赠票据的使用主体要求，尚无法为委托人开具税前抵扣用途的捐赠收据。

第二，慈善信托在财产委托环节涉及大额所得税。现有慈善信托的初始财产以现金为主，由于以动产、不动产、无形资产、商品货物等财产设立信托涉及的过户和税收问题尚未得到很好的解决，慈善信托在受托财产多样性、灵活性方面的独有优势还未能得到很好的展现。随着我国慈善信托实践的不断增多，慈善信托的委托财产为股权、不动产等非货币类财产的情形会越来越多。如，委托人以上市公司股权设立慈善信托且金额较大时，针对股权增值部分，需要准备巨额现金用于缴纳所得税，增加了委托人的成本。根据《关于公益股权捐赠企业所得税政策问题的通知》（财税〔2016〕45 号）规定，股权转让收入额以企业所捐赠股权取得时的历史成本确定，这在一定程度上相当于给予捐赠企业的税收优惠，但并不适用于慈善信托，不支持对股权设立慈善信托的税收优惠。

第三，信托财产多元化仍有待破解。慈善法第八十三条规定，捐赠人向慈善组织捐赠实物、有价证券、股权和知识产权的，依法免征权利转让的相关行政事业性费用。此条法律条文虽然解决了行政事业性费用的问题，但是所得税、增值税等的减免问题仍未有明确的解决方案。由于缺乏相关税收优惠安排，以股权设立慈善信托往往被视同转让股权，并以公允价值作为转让收入缴纳所得税，使委托人产生沉重的纳税负担，非现金捐赠成本较高，国内大额股权慈善信托主要流向海外，大大限制了国内慈善信托的资产来源。

三、慈善财产的股权投资

（一）概念

慈善财产，顾名思义可理解为慈善组织的财产，慈善法第五十一条指出，慈善组织的财产包括：发起人捐赠、资助的创始财产；募集的财产；其他合法财产。第五十四条指出，慈善组织为实现财产保值、增值进行投资的，应当遵循合法、安全、有效的原则，投资取得的收益应当全部用于慈善目的。同时，根据第三十六条，慈善财产为捐赠人的捐赠财产，包括货币、实物、房屋、有价证券、股权、知识产权等有形和无形财产。

2018 年，民政部发布《慈善组织保值增值投资活动管理暂行办法》（中华人民共和国民政部令第 62 号），第四条指出本办法所称投资活动，主要包括下列情形：直接购买银行、信托、证券、基金、期货、保险资产管理机构、金融资产投资公司等金融机构发行的资产管理产品；通过发起设立、并购、参股等方式直接进行股权投资；将财产委托给受金融监督管理部门监管的机构进行投资。慈善组织直接进行股权投资的，被投资方的经营范围应当与慈善组织的宗旨和业务范围相关。

综上，慈善财产股权投资可理解为慈善组织为实现财产保值、增值，在遵循捐赠人意愿和合法合规路径下，通过发起设立、并购、参股等方式直接进行股权投资，被投资方的经营范围应当与慈善组织的宗旨和业务范围相关，投资所取得的收益全部用于慈善目的。

（二）发展概述

1. 制度发展

关于慈善财产的股权投资的相关政策法规依据，主要遵循国内慈善资产保值增值政策法规。

2004 年，国务院出台《基金会管理条例》，第二十八条规定基金会应当按照合法、安全、有效的原则实现基金的保值、增值。同时，规定基金会理事会违反本条例和章程规定决策不当，致使基金会遭受财产损失的，参与决策的理事应当承担相应的赔偿责任（第四十三条）。

2012 年，民政部出台《关于规范基金会行为的若干规定（试行）》，强调基金会进行保值增值应当遵守合法、安全、有效的原则；符合基金会的宗旨，维护基金会的信誉，遵守与捐赠人和受助人的约定，保证公益支出的实现；基金会可用于保值增值的资产限于非限定性资产、在保值增值期间暂不需要拨付的限定性资产；基金会进行委托投资，应当委托银行或者其他金融机构进行；基金会应当及时向社会公众公布基金会投资的被投资方。基金会应在内部制度中规定资产管理和处置的原则、风险控制机制、审批程序以及用于投资的资产占基金会总资产的比例。

2014 年，中国证监会发布和施行的《私募投资基金监督管理暂行办法》第十三条规定，将慈善基金等社会公益基金视为“合格投资者”。慈善法第五十四条规定，慈善组织为实现财产保值、增值进行投资的，应当遵循合法、安全、有效的原则，投资取得的收益应当全部用于慈善目的。慈善组织的重大投资方案应当经决策机构组成人员三分之二以上同意。政府资助的财产和捐赠协议约定不得投资的财产，不得用于投资。

慈善组织的负责人和工作人员不得在慈善组织投资的企业兼职或者领取报酬。

2017年7月1日，中国证监会《证券期货投资者适当性管理办法》第八条规定，“专业投资者”包括慈善基金等社会公益基金。2019年《慈善组织保值增值投资活动管理暂行办法》第四条指出，本办法所称投资活动，主要包括下列情形：直接购买银行、信托、证券、基金、期货、保险资产管理机构、金融资产投资公司等金融机构发行的资产管理产品；通过发起设立、并购、参股等方式直接进行股权投资；将财产委托给受金融监督管理部门监管的机构进行投资。慈善组织直接进行股权投资的，被投资方的经营范围应当与慈善组织的宗旨和业务范围相关。同时，慈善组织不得进行下列投资活动：直接买卖股票；直接购买商品及金融衍生品类产品；投资人身保险产品；以投资名义向个人、企业提供借款；不符合国家产业政策的投资；可能使本组织承担无限责任的投资；违背本组织宗旨、可能损害信誉的投资；非法集资等国家法律法规禁止的其他活动。慈善组织的负责人和工作人员不得在慈善组织投资的企业兼职或者领取报酬，但受慈善组织委托可以作为股东代表、董事或者监事参与被投资企业的股东会、董事会。

2019年，民政部办公厅发布《关于开展基金会2018年度报告和年度检查工作的通知》，该通知的附件“基金会年度工作报告模板”中增加了专门的“保值增值投资活动情况”。相关政策法规的出台，使得我国慈善财产的保值增值从法律层面被确定，并给慈善财产的投资划定了范围，对慈善组织投资活动产生深远影响，为股权慈善投资实践探索带来积极推动。

2. 发展现状及挑战

长期以来，受到政策规范、投资能力和观念认知等限制，我国慈善组织的投资状况并不理想①，我国绝大部分慈善组织面临着资金短缺、筹

① 中国信托行业协会．2019年专题研究报告．

资困难、造血功能有限的局面。依据基金会中心网数据，2015 年我国共有 1542 家基金会有投资行为，仅占当年基金会总数的 22%；投资收益仅占基金会全部收入的 7.5%；基金会净资产的投资收益率仅为 3.03%。根据基金会投资指数课题组联合组长刘文华的统计数据，2015 年全国共 4886 家基金会拥有 1189 亿元净资产，平均投资收益率从上年的 2.71% 提高到 3.07%，但仍然赶不上几乎如活期存款一样安全性好且流动性高的货币基金的收益率 3.32%。资产规模在前 50 名的基金会平均投资收益率从 3.69% 提高至 4.59%，但与稳健的全国社保基金理事会的 15.14% 和保守的保险行业的 7.56%相比仍有很大差距。根据模拟测算，基金会行业投资收益率每提高 1%～2%，相当于每年可为慈善行业增加 10 亿～20 亿元的收入①。

我国慈善组织的保值增值历史较短，如何实现慈善财产的增值保值、慈善资本的可持续化，成为当下慈善组织稳健发展的重要课题，而慈善财产股权投资，涉及不同政策法规和专业领域，更需摸索前进。一方面，由于大部分的慈善组织并没有转变传统观念，接受捐赠多少就慈善支出多少，加之社会大众还未能完全接受慈善财产的投资理财，导致当下绝大多数慈善组织并没有投资理财的观念，使得慈善组织的资金得不到有效的增值，无法充分、高效地运用慈善财产。另一方面，《慈善组织保值增值投资活动管理暂行办法》第五条明确指出，慈善组织可以用于投资的财产限于非限定性资产和在投资期间暂不需要拨付的限定性资产。慈善组织接受的政府资助的财产和捐赠协议约定不得投资的财产，不得用于投资。而在实际工作中，慈善组织的绝大多数财产来自定向捐赠，这就使得慈善组织能用于投资的财产极为有限。再者，股权投资涉及金融领域，慈善组织因缺少专业投资团队、缺乏专业投资建议支持等问题，加之相关政策有明确的责任条款，如《基金会管理条例》第

① 深圳国际公益学院．中国家族慈善指南——家族财富、事业与精神如何永续传承［M］．北京：北京时代华文书局，2021：300.

四十三条规定“基金会理事会违反本条例和章程规定决策不当，致使基金会遭受财产损失的，参与决策的理事应当承担相应的赔偿责任”，《慈善组织保值增值投资活动管理暂行办法》第十四条规定“慈善组织在开展投资活动时有违法违规行为，致使慈善组织财产损失的，相关人员应当承担相应责任”，若是无专业资质团队的匹配或是稳健投资路径，股权投资更是无从谈起。

第三节　股权慈善的特点及意义

一、股权慈善的特点

（一）股权慈善的持续性

股权慈善的关键在于慈善财产来源是股权形式，相比许多其他捐赠形式最大的优势在于可以促使慈善财产的可持续，进而推进慈善项目的可持续运行和慈善效果的可持续发挥。无论是股权捐赠形式下的股票收益，或是股权慈善信托形式的信托收益，或是股权投资形式的投资收益，都可以有效提升受赠方在获取收益上的价值最大化，实现慈善财产的滚雪球效应，做到慈善资金来源可持续，增强慈善组织的活力。由于股权形式的特殊性，股权慈善的实践势必在慈善组织运营及慈善项目运行中，引入商业银行、保险公司等金融机构的合作，建立健全股权慈善的治理机制、风控机制等，将金融工具创新性地引入慈善项目中，进一步提高慈善项目的持续运行能力，以此发挥各类机构的优势特长、取长补短，发挥“1+1>2”的效果，在充分尊重捐赠人的慈善需求的基础上，最大限度地实现慈善目标，保证慈善效果和影响力的可持续性。

（二）股权慈善的专业性

股权慈善是金融与慈善事业的一次创新融合，涉及多学科多专业，如金融、财税、法律、慈善等，加之工作团队的专业素质、工作场景、话语语境的大为不同，这对股权慈善的实践提出了更高的要求，对工作团队的专业胜任力有更高的期待。如，股权捐赠，涉及股权所有权或控制权的转移，不仅需要熟悉慈善领域的相关法律法规，同时需要熟知公司法、合同法、证券法相关法律法规；股权慈善信托，是基于信托法律关系，涉及信托法、企业所得税法等，况且现有政策法规不尽完善，股权慈善信托的相关税收问题至今未解；股权投资，相关政策法规明文要求，开展投资需有投资决策程序和管理流程、投资负面清单、重大投资标准、投资活动中止、终止或退出机制等，这些要求既体现了对捐赠人捐赠行为的尊重，也是对慈善财产的专业运营的最大负责。若是上市公司的股份捐赠或是股权慈善信托，又涉及股权评估、上市公司治理、证券监管等问题，这对跨学科跨领域的专业合作度要求极高。同时，对股权慈善财产的监管，金融公司相比慈善组织有更严密的组织架构、监管体系和财务系统，具备更为严格的信息披露制度和可信的信息披露能力，这也是股权慈善专业性的一种体现。

（三）股权慈善的复合性

基于股权慈善的类型和跨领域诉求，股权慈善的复合性主要表现在两方面：一是参与主体和慈善目的多元化，二是跨领域跨专业的复杂性。一方面，传统的慈善捐赠以货币、实物为主，在捐赠环节中涉及主体主要是捐赠方、受赠方（慈善组织或受益对象），业务主管部门以民政部门为主；而在股权慈善中，涉及主体不仅包括了前者的相关主体，还包括金融机构、保险公司、信托公司等，业务主管部门还涉及税务部门。同时基于慈善财产的可持续性，很大程度上缓解甚至是解除了慈善组织“无米之炊”的困境、后顾之忧，使其可更聚焦精力在社会问题的改进和解决上，结合新时代新问题开拓新的慈善领域，促进慈善目的更精准、更创新、更多元化发展。另一方面，基于股权慈善的专业性和参与主体的多元化，业务涉及金融、财税、法律、慈善等，触及多领域及多行业的法律法规、政策条例，在推进过程中所遇的问题和困难可谓是既无参照可言，又受限于现有制度环境及观念认知，使其更具复杂性，这也是现阶段我国股权慈善推进缓慢的原因所在，这在很大程度上要求股权慈善的实践需跨界协作努力及打破传统壁垒，形成最大合力，推进股权慈善更多实践案例的成功落地。

二、发展股权慈善的意义

（一）拓展丰富慈善资源，响应国家战略

党的十九届四中全会通过的《中共中央关于坚持和完善中国特色社会主义制度、推进国家治理体系和治理能力现代化若干重大问题的决定》指出，“重视发挥第三次分配作用，发展慈善等社会公益事业”。首次明确以第三次分配为收入分配制度体系的重要组成部分，确立慈善等公益事业在我国经济和社会发展中的重要地位。党的十八大以来，在脱贫攻坚的伟大实践中，慈善事业彰显了自身的价值，完成了自己的使命。据统计，2011 年至 2017 年，全国向扶贫领域的慈善捐赠达 1712 亿元，占各级财政扶贫总投入的 10%左右①。进入新发展阶段，慈善事业在巩固拓展脱贫成果、参与乡村振兴战略、帮扶救助困难弱势群体、助力兜底保障、维护社会公平正义、促进社会和谐等方面，发挥越来越重要的作用②。在国外，股权慈善是慈善捐赠的主力军，以股权、不动产为代表的非货币性财产作为重要的慈善财产，带来的分红和营运收入，是开展持续性慈善事业的重要保障。随着慈善意识的深入人心，我国高净值人士以持有的股权等非货币财产开展慈善活动的需求和实践日益增加，极大地拓展丰富慈善资源。前文提到的“鲁冠球三农扶志基金”慈善信托，其慈善目的为“让农村发展、让农业现代化、让农民富裕，以影响力投资、以奋斗者为本、量力而行做实事”，平衡了服务

---

① 宫蒲光．社会治理现代化大格局下推进慈善事业高质量发展［J］．中国行政管理，2021（2）：6—13.

② 同上．

国家战略、传承家族财富和履行企业社会责任三者之间的关系[①]。股权慈善作为慈善捐赠的新风向，引领着我国高净值人士的慈善行为，汇聚社会大爱、参与全面建设社会主义现代化国家新征程。

（二）助力实现共同富裕，促进社会公平

2021 年 8 月 17 日，中共中央总书记、国家主席、中央军委主席、中央财经委员会主任习近平在主持召开中央财经委员会第十次会议中指出，“要坚持以人民为中心的发展思想，在高质量发展中促进共同富裕，正确处理效率和公平的关系，构建初次分配、再分配、三次分配协调配套的基础性制度安排”。十九届五中全会明确：“发挥第三次分配作用，发展慈善事业，改善收入和财富分配格局。”[②] 慈善事业作为第三次分配的主渠道，是公民或企业自觉自愿助人济世的社会行为，是市场和政府两次分配的再分配，它在促进社会公平，改善收入和财富分配格局方面发挥着重要作用，是我国基本经济制度特别是分配制度的重要组成部分[④]。慈善捐赠作为第三次分配的重要来源，慈善捐赠的数量、规模、类型越多、越大、越丰富，第三次分配在收入调节中的作用就越大，而股权作为我国高净值客户的一大财富载体，股权慈善势必为推进慈善事业的高质量发展、促进共同富裕实现发挥不可替代的作用。改革开放四十余年，我国经历了巨大的变迁。持续的高速发展也成就了庞大的民营企业群体和企业家，包括其中占比极高的家族企业，积累了巨量的超高净值人群和私人财富[④]。曹德旺股权捐赠、鲁伟鼎“鲁冠球三农扶志基金”、牛根生“股权捐赠+公益信托”、何享健“和的慈善信托（计划）”等，作为股权慈善的实践样本，都是个人及企业参与助力共同

---

① 李泳昕．从万向集团“三农扶志基金”股权慈善信托成功备案看为何越来越多的财富家族青睐股权慈善信托［J］．家族企业，2019（4）：120—122.

②③ 宫蒲光．社会治理现代化大格局下推进慈善事业高质量发展［J］．中国行政管理，2021（2）：6—13.

④ 深圳国际公益学院．中国家族慈善指南——家族财富、事业与精神如何永续传承［M］．北京：北京时代华文书局，2021：1.

富裕实现的重要路径及工具，具有重要意义。正如安德鲁·卡耐基在19世纪末发表的《财富的福音》所传达的理念，富人的余财是社会所赐，理应以最佳方式还之于社会，这不是恩赐，也不是利他主义，不需要表扬和感谢，而是维持社会稳定繁荣、利人利己之事①。

（三）共享时代发展成果，推动社会进步

当前，全面建设社会主义现代化国家的新征程已经开启，推动共同富裕是中国特色社会主义进入新阶段的必然要求，是由效率优先、兼顾公平向更加重视公平、推动共享发展的重大历史转折。②“第三次分配核心是慈善事业，这也是广义上的慈善，相比于狭义慈善要丰富得多。其不仅包括捐赠，环境保护、社会治理、人的尊严满足都包含其中。第三次分配并非简单捐钱，从富人手中消去财产，而是一种有理由、合理的、有效益的分配。”随着经济的发展和社会的进步，各种涉及民生、环境等的社会问题不断出现，社会大众对解决这些社会问题的期望和呼声日益高涨，政府、企业和慈善组织试图用各种创新性、公益性的方式来解决社会问题③。相比19世纪前，以个人或企业的直接慈善捐赠为主，更侧重扶贫、救灾等捐赠行为本身的传统慈善，在中国新发展格局与全球可持续发展重要议题大背景下，现代公益慈善更强调组织化运营（如基金会、社会服务机构等慈善组织形式）和捐赠战略规划、重视整合社会各界力量和跨界合作、关注慈善领域更大范围的覆盖及慈善效果的衡量，以实现慈善事业影响力最大化，兼顾社会价值和经济效益的双赢，致力可持续价值的创新和创造，满足更多的人对美好生活的向往，使改革发展成果更公平地惠及全体人民。股权慈善，包括股权捐赠、股权慈善信托、慈善财产的股权投资，均渗入乡村振兴、医疗卫生、扶贫济困、

---

① 资中筠．财富的责任与资本主义演变［M］．上海：上海三联书店，2015：534.

② 宫蒲光．助力共同富裕 展现企业风采［EB/OL］．（2021－09－15）https：//m.csgyb.com.cn/news/redian/20210915/30838.html.

③ 吕燕青，罗莹，黄于林．科技创新：互联网公益［M］//载深圳市社会组织管理局，深圳国际公益学院．深圳社会组织发展报告（2019）．北京：社会科学文献出版社，2020：264.

教育助学、疫情防控、志愿服务等多个领域中，既为高净值人士实现家族财富管理、积极参与第三次分配提供新的路径选择，更是拓宽了慈善财产的来源，撬动汇聚更多慈善资本涌入公益慈善事业中，促进社会资源和财富的流动，保持社会活力从而推动社会进步。

第二章

股权慈善的国际经验

外国慈善事业发展的历史经验显示，随着社会经济的发展，股权成为私人财富的重要表现形式，富有的人群或家族纷纷选择将包括股权在内的家族财富捐赠成立基金会用于慈善事业。股权慈善与家族传承紧密相关，对保持家族基业长青和家族精神的永续传承具有重要的价值。

第一节　美国的股权慈善

一、制度基础

（一）法律基础

美国关于慈善的法律可以说浩如烟海，其中对慈善事业影响最为深远的是联邦税法。美国在19世纪后期曾经历了长达40余年的无个人所得税和遗产税的时期，直到20世纪初，为了经济的良性发展，联邦所得税法通过，个人所得税和遗产税重新制度化。1917年，美国税法对私人慈善捐赠给予个人所得税的优惠待遇。通过慈善捐赠来获得税收优惠，同时受卡耐基、洛克菲勒等投身慈善事业的富豪家族影响，越来越多的人加入慈善的行列。此外，对于非营利机构，美国在税收优惠方面也给予了极大的支持，凡是符合《美国联邦国内税收法典》第501条C款（3）项规定的非营利组织都可以获得免税资格。各项税收优惠政策激发了个人、企业以及各个不同领域的组织机构投身于公益事业、开展慈善活动的热情，推动公益事业不断发展。

（二）经济基础

美国历史上经历的两次慈善浪潮，都直接受美国经济高速发展的驱动。美国慈善事业在20世纪初迎来第一次浪潮。南北战争后，美国社会经历了从自由资本主义向垄断资本主义，从农业社会向工业社会迈进的重大转型。庞大的地理版图、丰富的自然资源、机械工业技术的进步和铁路运输网络的扩展使得工业飞速发展，工业巨头们也开始在各行各业形成垄断，富豪不断诞生。据纽约论坛统计，1892 年美国财产过百万的富翁有 4000 多个，而到 1916 年，这一数字超过 40000 个。巨额财富的积累有力地推动了慈善事业的发展，大型慈善基金会如雨后春笋般出现。据统计，1915 年美国只有 27 个基金会在运作，到 1930 年就超过了 200 个[①]。其中涌现出一大批富豪投身慈善事业的代表人物。例如美国"钢铁大王"安德鲁·卡耐基（Andrew Carnegie，1835—1919 年）。他的名言"在巨富中死去是一种耻辱"被美国很多富人奉为圭臬。自 1901 年第一笔捐助 400 万美元用于救济发生意外事故的工人，直到 1919 年去世时，卡耐基累计捐款达到 3.5 亿美元。他设立了"卡耐基学会"和"卡耐基基金会"，并在美国和世界多地捐建了超过 2000 座图书馆，有力地促进了科学教育事业的发展。另外一位与卡耐基同时期的慈善代表人物是"石油大亨"约翰·洛克菲勒（John Davison Rockefeller，1839—1937 年）。洛克菲勒在 1897 年退休后全身心投入慈善事业，资助浸信会学校建成芝加哥大学，成立洛克菲勒大学、洛克菲勒卫生委员会和洛克菲勒基金会，一生共捐出了 5.5 亿美元，在教育和医药领域作出突出贡献。

美国慈善事业在 20 世纪末迎来第二次浪潮。进入 20 世纪 90 年代后，随着信息技术和互联网的发展，经济全球化不断深入，世界各国的经济联系日益紧密，跨国公司和跨国经营者阶层日益发展，比尔·盖茨、巴菲特等新兴产业中的超级富豪诞生，并在美国掀起第二次慈善浪潮。比尔·盖茨作为微软公司的创始人之一，一手打造出计算机软件帝国。他曾于 1995—2007 年连续 13 年问鼎《福布斯》全球富豪榜首富。1994 年，盖茨出售了部分微软股票，成立了"威廉·盖茨基金会"。2000 年，盖

① ［美］奥利维尔·聪茨．美国慈善史［M］．杨敏，译，上海：上海财经大学出版社，2016.

茨和妻子将三个家族基金会合并为一个，成立了“比尔和梅琳达·盖茨基金会”。该基金会主要致力于促进全球卫生和教育领域的平等。截至2018年底，比尔和梅琳达·盖茨基金会对受资助方直接捐赠达到500亿美元。

作为世界上发达的市场经济国家，美国经济的繁荣也促进了慈善事业的发展。根据美国施惠基金会发布的《美国慈善捐赠报告》，2019年美国捐赠总额为4496.4亿美元。捐赠主要集中在拥有收入和财富较多的人群中，他们的财富积累随着手中资产的不断增加而增加，促进了进一步的捐赠行为。

（三）文化基础

在美国，慈善不仅仅是富人的专属，大部分人都会尽自己的努力去践行慈善行为，义工、志愿者、财富捐赠以及劳务的捐赠都是很常见的现象。宗教文化中博爱思想的熏陶，对个人主义和自由的崇尚，以及互助文化的深入人心是慈善事业发展的重要基础。

1. 宗教文化

美国的慈善文化源于宗教，基督教的“原罪说”与“救赎说”使人相信人生而有罪，每个人都要用一生的劳作和对他人的博爱为自己赎罪，以求死后灵魂得到安宁①。主张博爱的慈善精神深深根植于美国人民的思想中。与此同时，在美国建立与发展的过程中，处处体现着人与自然抗争、白手起家的不懈奋斗。世世代代的美国人都深信不疑，只要经过努力奋斗便能改变自身命运，获得更好的生活。对于后代，人们认为“一次性继承过多的遗产会让后代丧失斗志、蒙蔽双眼、助长傲慢”，唯有鼓励他们自我奋斗，才有利于其长远发展。参与慈善不仅可以得到精神上的满足感，还可以为后代创造更为良好的环境。正是这种崇尚自由竞争的个人主义与呼吁社会责任的志愿精神之间的平衡和统一，与宗教倡导

① 杨方方．慈善文化与中美慈善事业之比较［J］．山东社会科学，2009（1）：76—79.

的博爱一同成为美国慈善事业的活力之源。

2. 政治文化

美国人民在开拓新大陆的过程中，形成了独特的文化，他们崇尚自由和个人主义，对政府持有怀疑甚至警惕的态度，主张“小政府、大社会”。美国政府将很多社会问题交由社会力量和民间团体去解决，并予以充分的支持，通过建立完备的法律政策体系，引导国内民众积极向慈善组织进行捐献。这样的政府定位和政治文化极大地推动了民间慈善事业的发展。

3. 互助文化

在英国殖民统治时期，美国没有任何社会保障；从美国建国到联邦宪法通过之前，政府没有被赋予任何税收的功能，因而也没有办法给予公民任何福利。这种情况使得民众不得不组织起来实行自治，彼此互助互济[①]。正如托克维尔在《论美国的民主》一书中所言：“在法国，凡是创办新的事业，都由政府出面；在英国则由当地的权贵带头；在美国，你会看到人们一定组织社团。”也正是这种互助文化让美国人在获得财富以后能够自觉地回馈给自己所在的团体乃至社会。与美国核心的个人主义同时并存的，有一种超越个人私利的利他同情心和对群体、对社会的责任感，这是美国慈善事业发达的思想基础。

二、实践经验

（一）沃尔顿家族股权慈善[②]

沃尔顿家族是美国零售业巨头沃尔玛的缔造者。1962 年，山姆·沃尔顿（Sam Walton）和他的弟弟巴德·沃尔顿（Bud Walton）在阿肯色州的罗杰斯城创办了第一家沃尔玛商店。沃尔玛的创立取得了巨大的成功，

① 李韬．慈善基金会缘何兴盛于美国［J］．美国研究，2005（3）．

② 高文兴．Walton 家族：本地化、成员化的家族慈善［N］．公益时报，2018-1-23.

随着沃尔玛的不断发展壮大，到 1992 年山姆去世之时，沃尔玛的分店已经增加到 1735 家，年营业额攀升至 438 亿美元，造就了一个从无名小店演变为全球第一连锁超市的财富神话。

沃尔顿家族的慈善举动是逐步开展的，选择“教育”作为主要捐赠方向，先后推出了美国中部奖学金计划和针对沃尔玛员工的沃尔顿奖学金计划。后来，沃尔顿家族逐步进入了慈善机构的制度化阶段，并充分利用基金会和信托来构建家族慈善版图。

1. 治理结构

沃尔顿家族的慈善布局主要由慈善先行信托、沃尔顿家族基金会和沃尔顿家族慈善支持基金会构成。总体而言，慈善先行信托是持有沃尔玛股权的载体，沃尔顿家族基金主要扮演资金募集的角色，而沃尔顿家族慈善支持基金会则主要承担对外资助的职责。

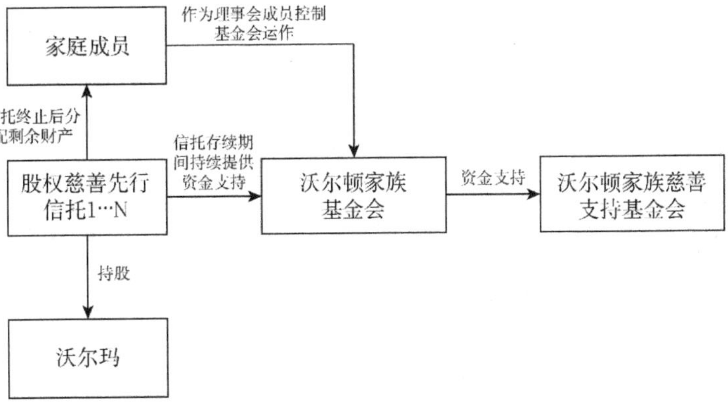

图 1　沃尔顿家族的慈善布局

（1）沃尔顿家族基金会①

1987 年山姆·沃尔顿和妻子海伦·沃尔顿设立沃尔顿家族基金会。沃尔顿家族基金会始终以教育改革、改善环境、振兴阿肯色地区为三大

① 关于沃尔顿家族基金会的资料参考沃尔顿家族基金会官方网站［EB/OL］. https：//www.waltonfamilyfoundation. org/. 公开披露信息。

核心，努力实现为学生与家庭增加更多教育机会，让他们有更多选择权的目标。此外，基金会对可持续发展的渔业、恢复海洋环境、保持河流和淡水质量和可用性等重要环境保护项目给予支持，并对提高阿肯色州和密西西比三角洲地区居民生活质量的方案和措施提供一定的资助。

沃尔顿家族基金会的一大特色在于该基金会的理事会主要由家族成员组成，除现任理事会主席 Annie Proietti 之外，理事会的其他成员都是带有沃尔顿姓氏的家族成员。沃尔顿家族始终坚守对基金会的控制。

（2）沃尔顿家族慈善支持基金会

沃尔顿家族慈善支持基金会是一个对外界来说较为神秘的基金会。该基金会不建官方网站，鲜有公开报道，也不对外募集资金。根据该基金会在税务机关的备案信息可知，2008 年基金会的资产规模已达 7000 多万美元，沃尔顿家族基金会在 2009 年和 2011 年分别对该基金会给予了支持，使得基金会规模接近 4 亿美元。秉承创始人山姆为家族慈善所确定的大方向，该基金会以资助阿肯色州的高等教育为慈善目的。

（3）慈善先行信托

沃尔顿家族基金会的主要资金来源并非依赖于山姆夫妇的一次性捐赠或后代的持续捐赠，也不是依赖于家族企业的捐赠，而是依靠设立多个慈善先行信托。慈善先行信托的信托架构设计既考虑了家族财富传承过程中的子女传承因素，也考虑了公益慈善的需求。在信托存续期间，信托本金及产生的投资收益持续向委托人选定的受益人进行分配，当信托到期后，剩余的信托本金及投资收益归属于委托人指定的继承人。

山姆夫妇在生前设立了多个慈善先行信托，自 2008 年起，基金会的捐款金额 99%以上来自信托的支持。在山姆夫妇设立的信托中，包含其生前持有的沃尔玛股份，信托财产每年享有股息和分红，信托财产也可以用于投资从而获得更多收益。当信托存续期届满，剩余的信托财产将分配给非公益性质的受益人，即沃尔顿家族的继承人。

2. 管理运作

沃尔顿家族的慈善，与洛克菲勒、卡耐基等工业家族专注政治话语权的模式以及盖茨基金会的国际化路线不同，他们的慈善公益更加本地化，一直进行各项活动以回馈家族所在地。

沃尔顿家族基金会的组织结构包括理事会、管理层以及工作人员。沃尔顿家族基金会管理层负责基金会的运营，与基金会一般工作人员、受赠人和其他组织伙伴一同进行日常的慈善工作。65 名工作人员分散在四个办事处，在总部的人员约占一半，其余在丹佛、华盛顿特区、新泽西州的办公室（或在沃尔顿家族基金会外独立工作）。

相比于沃尔顿家族基金会，沃尔顿家族慈善支持基金会的理事会成员中，只有一名是带有沃尔顿姓氏的成员，其他成员为阿肯色州的名人，例如该州的参议员、退休的大学校长等。通过借助外部力量来运营以资助为主要使命的基金会，既可以减轻家族成员管理慈善的压力，又能提升基金会的专业运作水平。

（二）J. Paul Getty Trust

1. 治理结构

J. Paul Getty Trust 是世界上最大的致力于视觉艺术的慈善信托，其出资设立并运营管理着全美最受欢迎的博物馆——J. Paul Getty 博物馆。该信托在 1953 年由石油大亨 J. Paul Getty 本人设立，1976 年 J. Paul Getty 去世后，其大部分财产通过遗赠的方式装入信托。1983 年该信托请求法院将其正式更名为 J. Paul Getty Trust 并运行至今。截至 2018 年底，J. Paul Getty Trust 的资产规模约为 73 亿美元。J. Paul Getty Trust 具体治理结构图如下：

在信托设立初期，由 J. Paul Getty 本人、他的三个儿子，以及其他两位艺术家共同担任受托人管理该信托，但 J. Paul Getty 并未在信托文件中要求 Getty 家族对该信托的治理保持控制权，运行至今也已无家族后人参与该信托治理的身影。但 J. Paul Getty 在信托文件中设定了相关条款以保留家族元素，如博物馆必须被命名为“The J. Paul Getty Museum”且不得修改；J. Paul Getty 本人的住所及其周边设施和内部家具等作为信托财

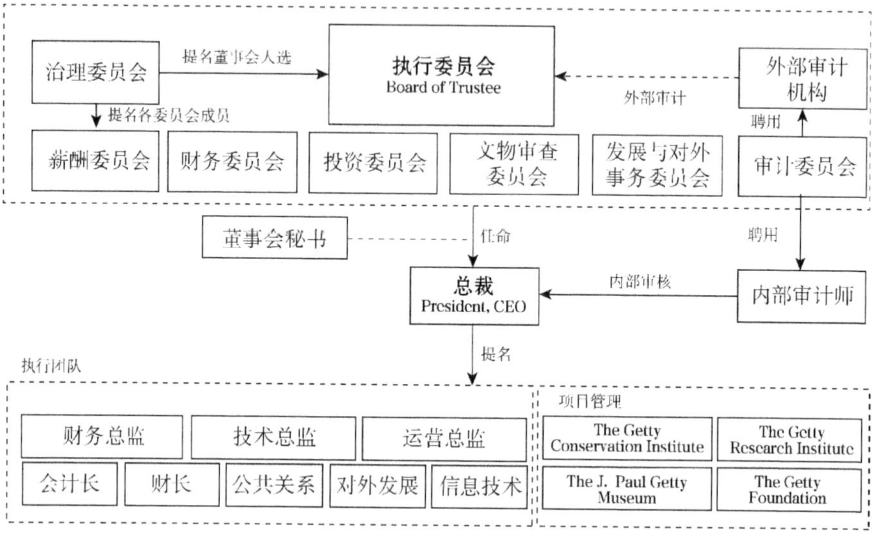

图 2　J. Paul Getty 信托治理结构

产需保存完好并维持原样，以使后世社会公众得以了解 J. Paul Getty 生前的生活图景。

2. 管理运作

J. Paul Getty Trust 目前由 13 位受托人组成的董事会（决策机构）以及执行机构（总裁及其带领的管理层）共同治理，董事会按照章程的约定管理信托各项事宜。这种治理方式也被福特基金会、洛克菲勒基金会等海外大部分基金会或慈善信托采用。经过数十年的运行，J. Paul Getty Trust 设置了细分的委员会以及职能部门，几经修订章程并制定了每一个细分委员会的章程，建立起相对完备的治理机制。

以下节选章程中有参考意义或较为特殊的条款以做参考：

Section 2. 2 任期

受托人的任期通常为 4 年，最长不超过 3 个任期。

总裁任期无限。

Section 3. 1 委员会

在董事会上选出一个或多个受托人后，治理委员会应在征求董事长和总裁意见后向董事会提出建议，由董事会任命新受托人为委员会委员和主席，并规范委员会权利与义务。受托人可在多个委员会任职。董事长、总裁、副董事长默认成为所有委员会的委员（审计委员会除外）。

常设委员会应包括执行委员会、薪酬委员会、审计委员会、财务委员会、投资委员会、治理委员会、文物审查委员会以及发展与对外事务委员会。

a. 执行委员会

执行委员会由董事长、副董事长、各委员会主席、总裁组成。在董事会闭会期间，由执行委员会代行除下列各项之外的董事会职权：

（1）废除或修订章程；

（2）设立新委员会、制定或修改委员会章程、选举委员会委员；

（3）委派执行委员会的权力给其他人、罢免受托人、调整执行人员薪酬、更改受托人人数或填补董事会空缺；

（4）其他章程规定的必须由全体董事表决的事项。

b. 审计委员会

总裁、财务以及投资委员会的主席不得担任审计委员会主席；

本信托的任何受雇人员或其他关联方不得担任审计委员会成员；

审计委员会主席不得担任财务或投资委员会委员。

Section 4.1 人员

信托的执行人员应包括董事长、总裁、秘书和财长。一人可担任多项职务，但董事长或总裁不得兼任秘书或财长。董事长、副董事长、总裁应为受托人，其他执行人员可以不为受托人。

Section 4.2 选举

在年度董事会前，治理委员会向董事会提交对于董事长及副董事长人选的建议，总裁向董事会提交对于其他执行人员（包括秘书和财长）人选的建议。受托人在年度董事会上进行表决。

Section 4.9 财长

财长应保证信托保留清晰、充分和正确的投资账目。财长应管理信托的投资项目，向总裁、财务以及投资委员会主席提出投资政策方面的建议。

Section 4.10 首席运营官

首席运营官维护和管理信托持有的各类财产账目，向总裁和财务委员会主席提出关于现金管理和债务管理方面的建议。

Section 5.2 股权管理

对于以 J. Paul Getty Trust 名义持有的任何公司股份，经由受托人授权后，可由董事长/总裁/其他成员行使相关权力。

三、对我国的启示

（一）股权是巨额财富的主要表现形式

在资本主义制度下，手握股权的企业家是美国财富群体的重要构成。根据美联储的统计，美国最富的1%家庭控制着美国上市公司和私营企业一半以上的股权。随着经济发展，开拓和创新不断在各个领域生根，股权已经成为巨额财富的主要表现形式，同时也成为巨额慈善捐赠的主要财产形式。

我国目前正处于社会主义初级阶段，经济的总体发展水平与发达国家相比仍然存在差距。但在改革开放40多年间，我国涌现了一大批优秀的企业家，他们所创办的企业不少跻身于世界一流，无论是企业的规模、竞争力，还是企业家的财富积累，相比美国的企业和企业家亦不遑多让。因此，我国股权慈善的发展同样具有坚实的经济基础。

（二）股权慈善与家族传承紧密相连

家族企业往往出现“其兴也勃焉，其亡也忽焉”的传承现象。人们逐渐认识到，家族企业的传承是超越企业家、超越产品、超越技术、超越财富的传承，它是组织的传承、机构的传承、价值观的传承。因此捐出股权，企业家放弃的仅仅是世俗的权力与财富，而企业在精神层面依然属于自己，这就走出了马斯洛的“地下室”，带来了人生最高层次的自我实现。这一传承观正是股权捐赠常常与家族传承紧密相连的原因。

股权家族慈善不仅能够实现家族的永续传承，更能够扩大家族的社会影响力和历史责任感，让子女后代在慈善事业中获得成长、实现价值，成为家族企业传承延续的一种具有可操作性的优良路径。在我国不少家族企业面临传承和交接难题的当下，股权家族慈善的价值尤为凸显。带有家族传承元素也将成为我国股权慈善发展的重要特征。

（三）税收优惠对股权慈善有一定的激励作用

税收优惠政策作为慈善激励杠杆，为美国的富人提供了一种既有利于社会大众，又能减轻自身税收负担的双赢选择。在沃尔玛的案例中，沃尔顿家族通过设立股权慈善先行信托，将信托财产用于支持慈善事业，信托到期后，剩余的信托财产分配给子女，为社会贡献了大量的财富，同时也达到了一定的税收筹划效果。

在我国现行立法框架下，暂无遗产税和赠予税这样针对传承的税种，但是在捐赠股权的过程中涉及较高的税收费用，在很大程度上抑制了捐赠的意愿和需求，如果能针对股权慈善出台税收优惠政策，股权慈善对于我国财富群体的吸引力将会大大增强。

（四）股权慈善的形式丰富多样

从 J. Paul Getty 的慈善信托，到沃尔顿家族的“慈善先行信托+基金会”，美国的股权慈善实践呈现出丰富多样的形式。除了向基金会捐赠股权这一传统方式——例如巴菲特已经将价值超过 370 亿美元的伯克希尔·哈撒韦公司股票捐赠给多个基金会，股权慈善还可以用慈善信托、慈善先行信托来实现，通过灵活的架构设计为创新提供更大的空间。

在我国慈善法确立的慈善法律框架下，慈善组织和慈善信托作为两类主要的慈善主体，都必须仅以公益为目的，不能带有私益的成分。借鉴美国的实践经验，未来我国也可以尝试综合运用各类工具和法律架构，探索更加创新和高效的股权慈善方式，进一步满足财富群体的股权慈善需求，丰富股权慈善方式的选择。

第二节 欧洲的股权慈善

一、制度基础

（一）法律基础

欧洲作为人类生活水平、环境和人类发展指数较高的地区之一，具有地域广阔、国家众多的特点。在慈善方面，欧洲亦有着悠久的历史。早在公元 55 年，欧洲已经产生了互助会和友谊会。在两千多年的历史发展进程中，欧洲各国形成了较为成熟的慈善法律制度以及监管制度。

以英国为例，作为世界上最早订立慈善法的国家，其具有相对独立的法律领域、多个成体系的慈善法典和诸多司法判例，具有丰富的立法及司法经验。英国早在 1601 年就形成了自己的第一部慈善法。1853 年英国成立了慈善委员会，作为英国官方对民间公益性组织的监管机关。2006 年英国慈善法对委员会进行了重新定位，形成了独特的慈善委员会制度[①][②]。此委员会是具有特殊独立性的主管民间公益事业的政府机关，在行使职能时，不受任何官方或者其他政府部门的指示和控制，其权威性和公信力得到有力保证，执行注册管理、监管以及公共募捐管理的工作。委员会也可以作为慈善组织的独立合作伙伴，为慈善组织提供支持、

① 王名，李勇，黄浩明．英国非营利组织［M］．北京：社会科学文献出版社，2009.

② ［英］英国慈善委员会．英国慈善委员会指引［M］．林少伟，译，北京：法律出版社，2017.

咨询等服务。从1601年第一部慈善法到最新的慈善法，英国慈善法律制度历经变迁，在此过程中形成了独特的慈善委员会制度、适度宽松的注册登记制度、多样化的慈善基金组织制度、严密的基金募集制度、严格的审计检查制度以及慈善申诉法庭制度。

（二）经济基础

从工业革命开始到20世纪，西方发达国家经历了时间较长的工业社会。欧洲中世纪以教会为主体实施的慈善行为在社会变迁中不断消解，国家和市场的作用不断显现，政府和社会逐渐将关注点放到工人阶级的贫困和失业的积累上。伴随着经济发展、科技革命以及社会对人口素质提高的需要，贫困阶层的教育和保健进入人们的视野。工业社会后期阶段，污染和环境破坏带来了灾难性的影响，激化了社会矛盾，促使西方国家进行现代福利国家制度的改革。经济发展和经济危机带来的社会矛盾促成了慈善观念的发生和变革[①]。

（三）文化基础

在西方慈善传统中，有两个关于“慈善”的词，一个是Philanthropy，代表“人类之爱”，主要指民间个人捐赠于公共事务（教育、研究设施、公共建筑、体育、水利设施等）；另一个是Charity，代表“基督之爱”，是由教会代表上帝赐予的一种仁慈的恩惠，主要用来满足饥民、患者、贫苦人的直接消费需求，而不是用于公共事业。在古希腊罗马时期，慈善主要体现为Philanthropy的形式。而到了中世纪，教会公益独领风骚，教会成为宣传“博爱”思想的主要组织形式。在欧洲贵族和资产者的上流社会中，大方的资助者往往被定位为有声望的人，“做好事”是人们为自己以后上天堂占据一个位置的途径。

当今，欧洲国家积极鼓励私人基金会的发展，鼓励关心弱势群体的

---

① 陈端计，吴英杰，伍湘陵．中西方慈善经济制度演进的比较研究［J］．广东商学院学报，2009（5）．

基金会以及组织机构的各项慈善工作的开展。欧洲的慈善文化连绵不断一直延续至今，伴随着经济的发展，向善的理念是促使慈善文化发展与创新的内生动力。

二、实践经验

（一）Garfield Weston 基金

1. 背景介绍

Garfield Weston Foundation（以下简称为 GWF）是由 W. Garfield Weston 在 1958 年通过其持有的 Wittington Investments 的股权发起设立的慈善信托，在英国慈善委员会（Charity Commission）注册登记，受其监管。截至 2018 年，GWF 的总资产价值约为 99 亿英镑，大部分来自其持有的 Wittington Investments 股权价值。GWF 在艺术、教育、环境保护、健康等广泛的领域展开慈善捐赠，近年来尤其专注于社会福利、青少年，以及社区建设领域，年均对外捐赠 7000 万英镑，累计已对外捐赠超过 10 亿英镑。

Weston 是全球食品和服装业巨头，家族成员主要生活在加拿大、爱尔兰和英国。Weston 的家族经营始于 George Weston 在多伦多创办的一家面包店。1932 年 W. Garfield Weston 带着他的家人前往英国拓展商业版图，创办英国联合食品公司（Associated British Foods，LSE. ABF），后来成为世界上最大的食品生产商之一。

目前，Weston 家族的加拿大分支通过 George Weston Limited 控股超过 200 家公司，包括加拿大最大的连锁超市 Loblaws；Weston 家族的英国分支则通过家族慈善基金会 GWF 控股英国联合食品公司（LSE. ABF）等多家大型公司。2018 年 Weston 家族以 114.2 亿英镑的财富连续第十年被评为爱尔兰最富有的家族。

Weston 家族成员包括：

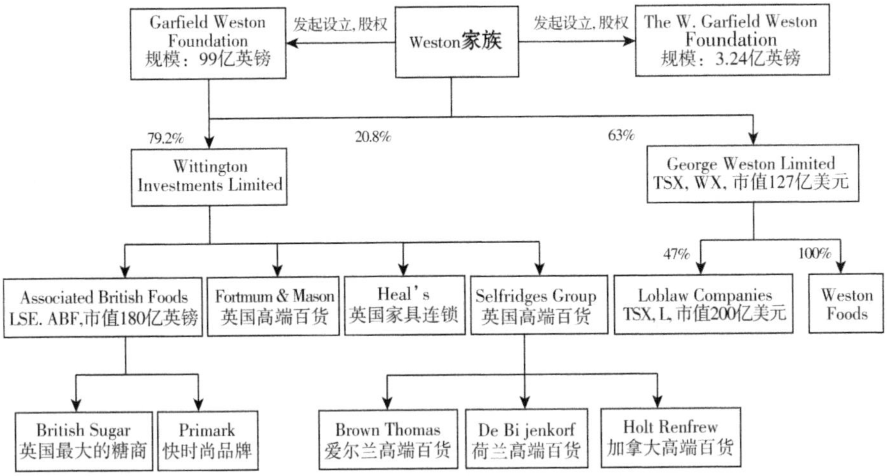

图 3　Weston 家族慈善与商业版图

第一代：

- W. Garfield Weston（1898—1978）和妻子 Reta Lila Howard（1897—1967）

第二代：

- 6 个女儿：Miriam、Nancy、Wendy、Gretchen、Barbara、Camilla
- 3 个儿子：Grainger、Garry Weston、Galen Weston

其中，Garry Weston（1927—2002）继承父亲在英国的事业，在世时担任 ABF 公司和 GWF 董事长；Galen Weston（1940— ）继承父亲在加拿大的事业，担任 George Weston Limited 以及 The W. Garfield Weston Foundation（Weston 家族在加拿大通过现金设立的慈善基金会，规模约为 3 亿美元）董事长。

第三代：超过 20 人在世，均活跃在家族企业和慈善基金会中。

其中，Garry Weston 的两个儿子 George G. Weston（1964— ）和 Guy Weston（1960— ）分别掌管 ABF 公司和 Wittington Investments 及 GWF；Galen Weston 的独子 Galen Weston Jr.（1972— ）目前则担任 George Weston Limited 董事长兼 CEO 及 Loblaw Companies Limited 执行主席。

2. 治理结构

GWF 的运作主要依据 1958 年签订的信托文件。根据信托条款，GWF 持有的 Wittington Investments（79.2%股权）集团公司构成 GWF 的永久资本捐赠，除非全体受托人一致投票，否则受托人不得处置上述资产。

GWF 由受托人组成董事会进行管理，董事人数在 5～10 人，所有董事必须从 W. Garfield Weston 的直系后裔中选任。目前 GWF 的董事由 9 位 W. Garfield Weston 的孙辈组成，其中 5 位是 Garry Weston 的儿子/女儿，其中 Guy Weston，Garry Weston 的长子，担任 GWF 以及 GWF 所持有的 Wittington Investments 的董事长。几乎所有的董事都在其他慈善基金会或慈善信托中担任理事。董事不收取报酬。董事会下未设置分委员会。

董事会定期召开会议以审议单笔金额超过 10 万英镑的慈善资助以及其他基金会管理事项。董事会在年度会议上审议年度报告和账目、慈善目标的实现情况、投资管理情况以及下属公司的管理情况等。此外，董事会通过以下来源接收来自外部的专业建议：

（1）GWF 是英国基金会论坛（Foundation Forum）和基金会协会（Association of Charitable Foundations）的成员，定期接收前沿的慈善实践和案例；

（2）董事会秘书 Janette Cattell，慈善领域的资深律师；

（3）监察人 UHY Hacker Young LLP。

3. 管理运作

GWF 以十分精简、高效、低成本的方式运作。GWF 未聘用任何人员，部分行政事务由其持有的 Wittington Investments 的员工兼任，GWF 在年末统一结算并支付给 Wittington Investments，2018 年的员工成本为 55 万英镑（仅占当年收入的 0.7%）。

GWF 将每年收到的收入扣除基本的运行成本后（约为 3%），全部用于当年的慈善资助。GWF 2018 年的收入为 7400 万英镑，绝大部分来自 Wittington Investments 的分红。得益于分红收入的逐年增加，GWF 的慈善资助也逐年增长。

在慈善资助方面，GWF 制定了标准化的资助流程，由申请者通过填写表格在线或邮寄申请，由外聘的慈善团队（部分由 Wittington Investments 相关部门兼任）对项目进行初选，同时保证每一份申请都至少由一名董事审阅；此外，GWF 建立了资助以及不资助的标准，比如 GWF 仅为在英国登记注册的慈善组织提供资助，不向个人提供资助，也不向动物保护组织提供资助。

在投资和资产管理方面，GWF 的绝大部分资产都集中于 Wittington Investments 以及其持有的 ABF 公司、多家高端百货公司、房产、酒店、私募股权投资等各类资产。ABF 拥有 Primark、Twinings 和 Ryvita 等多家子公司，为超过 13 万人提供就业机会。被 GWF 所持有也使得这些企业能够进行更长远的商业规划，从而为基金会带来更可持续的现金流；除 Wittington Investments 之外的流动性资产由 Investec 和 Goldman Sachs Asset Management International 两家资产管理公司进行管理。GWF 每年对其持有的资产进行一次评估，并在年报中予以披露。评估基准日与财务年度基准日一致，为每年的 4 月 5 日。

（二）惠康基金会

1. 治理结构

Wellcome Trust（惠康基金会）成立于 1936 年，是制药业巨头 Henry Wellcome 爵士去世后以惠康药业（后来并入 GSK，今全球制药巨头葛兰素史克公司）股权设立的慈善信托，以扶持和促进能提高人类和动物健康的研究，目标是“通过资助最聪明的人才，在健康领域取得超凡的进步”。惠康基金会也从事科学普及工作和唤起公众健康意识的工作。

2. 发展历史

（1）最初的 50 年（1936—1986 年），信托运作与惠康药业的发展息息相关

惠康基金会最初的资产是惠康药业的全部股权，Henry Wellcome 爵士

希望能将惠康药业创造的利润通过惠康基金会用于医疗研究。但一直到1972年，惠康药业都将自身创造的大部分利润再投资于公司本身。在信托成立的前20年，惠康基金会仅对外资助117万英镑。

由于新药的不断研制成功，惠康药业的年收入从1952年的1000万英镑增长至1986年的5亿英镑，惠康药业在1985年的估值达到了10亿英镑。得益于此，惠康基金会在这段时间内的资助金额也高速增长，达到2800万英镑/年。

（2）出售公司（1987—2007年）

1986年惠康药业上市，惠康基金会出售了惠康药业1/4的股票，随后又在1992年出售股票。在1995年，惠康基金会将剩余的大部分股票出售给了Glaxo plc，后者又在2000年与SmithKline Beecham合并，从而形成了现在著名的GSK公司。通过出售股票，惠康基金会的资产规模从1988年的34亿英镑快速增长至2000年的150亿英镑，年资助金额也从80年代的2800万英镑快速增长至2007年的6.5亿英镑。

（3）现在的惠康基金会

惠康基金会出色的投资能力使其资产规模仍在继续增长，截至2018年末，惠康基金会管理的资产规模达到259亿英镑，是世界范围内第四大的慈善组织，也是英国最大的非政府科研资助机构。

3. 基金会治理结构与信托架构

惠康基金会是一个在英国登记注册，受英国慈善委员会（Charity Commission）监管的慈善信托。惠康基金会的受托人是Wellcome Trust Limited，LBG1，根据信托文件的约定管理惠康基金会，以受托人的名义（Wellcome Trust Limited）持有财产、签订合同、雇用职员。

自2000年起，随着规模的快速增长，惠康基金会开始去中心化的组织变革，将更多的职权授予其执行团队。将慈善资助的决定权交给专业的员工，理事会则更专注于战略规划。

（1）风险与审计委员会：负责信托的内外部审计、内部控制与风险管理；由至少一名理事和两名外部成员组成；理事长不在该委员会中担任职务。

（2）投资委员会：由理事长、总裁、其他一名理事、投资部门负责人，以及其他外部成员组成。

（3）提名委员会：由理事长、副理事长，以及其他 1~2 名理事组成。理事长是提名委员会的主席。

具体的惠康基金会信托架构以及治理结构如下：

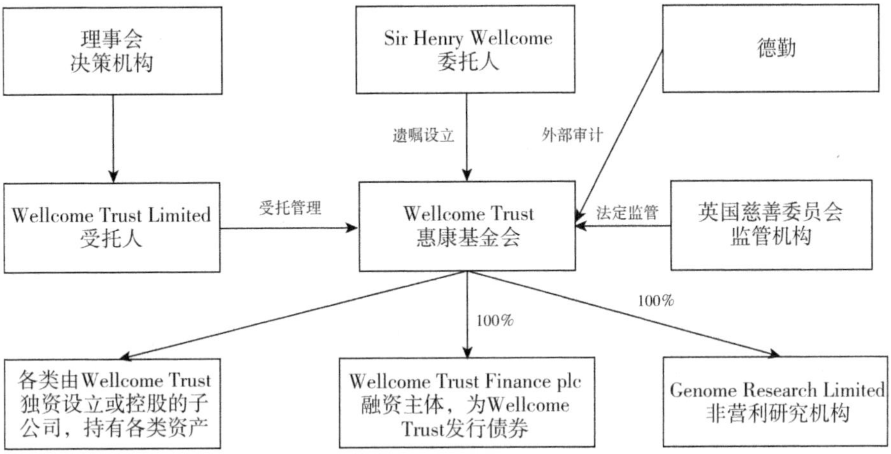

图 4　惠康基金会信托架构与治理结构

4. 管理运作

（1）资产管理

惠康基金会的投资涵盖了股票、私募股权、对冲基金、房产和基础设施等多个类别，根据投资的资产类别，基金会设立了多个全资控股的投资平台，并向这些公司派驻董事和管理人员。基金会的风险管理总监同时担任下属各个子公司的风险与审计委员会理事。

（2）科研资助管理

2018 年惠康基金会共对外资助 7.2 亿英镑，在接下来 5 年计划平均每年对外资助 9 亿英镑。管理如此大额的慈善资助，尤其是科研领域的

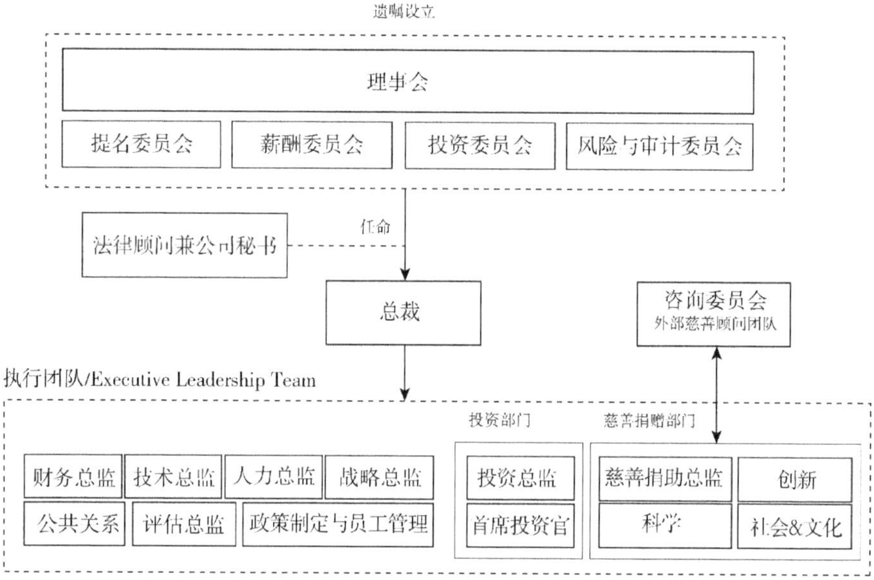

图 5　惠康基金会治理结构

优秀项目，需要非常专业的团队以及大量的精力投入。在惠康总部的 800 名员工中，大部分员工属于慈善资助团队，核心工作是处理和评估来自生物、医学、健康、人文和社科等领域的科研资助申请。

惠康基金会制定并公布了详细的资助标准与申请指南，聘请各个领域的专家和学者作为咨询委员会的成员。基金会的慈善资助流程为：申请人填写申请表格—咨询委员会初选—咨询委员会面试—基金会的慈善资助团队确认最终的捐赠项目以及捐赠金额。其中，惠康基金会的员工担任各个咨询委员会的秘书，负责慈善资助的文档传递与流程管理，基金会的资助团队成员和理事可列席咨询委员会的会议。

三、对我国的启示

（一）股权捐赠是财富传承的高级形式

随着经济增长、社会结构变迁，一部分企业家已经完成了初步财富积累，财富的形式从单一向多元化转变，涵盖现金、股权、房产、艺术品等多种类型。财富的传承随着财富的积累而备受关注，只有将财富积累和传承有机结合，才能相互促进不断发展。财富传承往往涉及平稳传承、保值增值和风险隔离三个需求，股权慈善模式成为财富传承的高级形式。股权捐赠因为具有公益性的属性，避免了家族内部争夺财产以及外界觊觎等情况，最大限度保证了家族资产的安全性，让家族财富和家族精神得以有序传承。

（二）股权捐赠是家族基业长青的秘诀

在家族财富的传承过程中，下一代的创富动机逐渐消亡是造成财富家族衰亡的重要因素，股权捐赠因其特有的公益性质能够激发企业继续创造财富，提供持续经营的动力。股权捐赠可以使得企业的决策者更加注重企业的长远发展，不受家族成员或其他相关利益者的影响，有效避免过度关注眼前利益的短视行为。此外，在家族基业的传承过程中，家族成员的道德品质、意志品格、专业学识等方面也是家族传承的一项重要财富。股权捐赠使家族财富回馈于社会，促进社会的良性发展，在一定程度上塑造和宣传了家族的社会形象，为子孙后代提升个体能力、塑造向善价值观提供动力和氛围环境，树立良好的家风，塑造家族价值观，凝聚家族向心力。

（三）股权捐赠是保持对企业控制权的有效途径

在企业的经营过程中，股权持有人的个人风险会对企业股权造成影响，进而波及家族企业的健康发展。此外，在企业的成长过程中，扩张、引资、上市等过程往往会导致股权稀释，影响股权稳定及法人治理，甚至导致企业控制权的丧失。股权捐赠能有效地将家族成员个人风险与企业相隔离，并保证股权结构的稳定和对企业的长久控制。

第三节 日本的股权慈善

一、制度基础

（一）法律基础

日本对于慈善事业的法律规制最早可追溯至1896年颁布的《日本民法》，该法第34条将法人划分为“营利法人”和“公益法人”，并对公益法人的设立条件作出原则性规定。这一条文成为日本慈善事业法律制度的开端，据此设立的公益法人在日本近代化过程中发挥了重要作用。1896年《日本民法》仅笼统地规定公益法人需要“开展与公益相关的事业”以及“不以营利为目的”，但并未就“公益”的定义与内涵作进一步规定，仅列举出“祭祀、宗教、慈善、学术、技艺以及其他公益事业”等公益法人所应从事的业务范围。是否构成民法中规定的公益法人，主要取决于能否“获得主管部门的许可”，政府自由裁量的空间较大，政府对公益活动强管制的色彩浓厚。由此导致的弊端有二：一是公益法人设立完全掌握在主管部门手中，其中利益交换和利益纠缠不可避免。主管部门可以根据自己需要随心所欲设立所谓的“官办公益法人”，将原本应该充分发挥公益作用的组织变成自家退职官员的养老院，使得一部分公益法人丧失活力。二是公益法人的设立极其困难。在规制严厉的许可制度下，新的公益法人设立极其困难，而已经存在的公益法人因为缺少竞争者，导致市场活力低下。

虽然1896年《日本民法》中关于公益法人的法律制度存在诸多缺陷，但仍旧沿用了100余年。直到1995年，以日本阪神大地震为契机，持续百余年的公益法人认定制度才有所松动。在阪神大地震的灾后救援及灾后重建过程中，志愿者活动和市民活动受到广泛关注。然而，在当时的法律制度之下，这些小规模的“草根非营利组织”非常不容易取得法人资格，导致许多社会团体和志愿者组织原本可以充分发挥作用，却因现行制度而受到了很大限制。就此日本社会展开了一场关于公益法人资格认定的讨论，并促成日本国会于 1998 年出台《特定非营利活动促进法》，该法放弃政府机关对公益组织的“许可”制度，转而采取借助专业组织进行“认证”的制度。日本 NPO 法的最大特征概括于一点，就是尽可能地降低法人注册门槛，最大限度地限制行政部门的权限，鼓励 NPO 进行自治。这部法律通过之后，日本政府多次对其进行修订，将 NPO 法人的税收优惠等制度进行了充实和完善。在此背景之下，日本于 2006 年公布并于 2008 年开始实施“公益法人制度改革关联三法案”，即《关于一般社团法人以及一般财团法人的法律》《关于公益社团法人以及公益财团法人认定等法律》和《关于一般社团法人和一般财团法人之法律以及关于公益社团法人和公益财团法人的认定等法律的实施所需配套法律之整备等的法律》，从而一举废除已实施百余年的旧公益法人制度。

较之旧制度，2008 年起实施的新公益法人制度具有以下几个显著特征：一是将法人设立与公益性认定进行制度性分离；二是法人设立采取准则主义，废除行政主管部门的许可制度；三是公益性认定不再交由行政主管部门或国税厅负责，而是授权给由民间专家组成的第三方合议制机构；四是通过法律法规将公益性认定标准等进行明文化，以此提高制度运作的透明度和可预见性；五是实现了监管理念从事先规制到事后监管的转变。自此，日本慈善事业法律规制走向新局面①，公益法人的数量与活跃度均因此而增长。

（二）经济基础

日本的家族企业传承在世界上享有美誉。据统计，日本的百年企业逾 2 万家，为全球最多，其中超过 200 年的企业超过 3000 家，这些企业大多数由家族经营。第二次世界大战后日本经历了长达几十年的经济高

---

① 俞祖成．日本公益法人认定制度及启示［J］．清华大学学报（哲学社会科学版），2017（6）．

速成长期，至20世纪六七十年代已跃居世界第二大资本主义经济体，经济繁荣在80年代末进一步达到顶峰，在此过程中涌现出一大批有着专精技术与经营优势的家族企业。伴随着社会财富总量不断增加，日本公民和企业对公共事务和公益活动的关注也不断增加，越来越多的个人和企业希望通过捐赠资产用于公益事业的方式来回馈社会，并逐渐发展为主要借助公益法人和公益信托这两种途径实施公益事业、进行慈善活动的整体态势。根据日本内阁府公布的数据，截至2020年12月，日本登记认定的公益法人共9614家（包含公益社团法人4175家、公益财团法人5439家），全部公益法人的净资产规模合计147065.05亿日元，用于公益目的的财产总额为77031.65亿日元，用于公益事业上的费用为50488.71亿日元①；截至2019年12月，公益信托共计存续435件，信托财产规模合计近590亿日元②。可以说目前无论是发展态势还是管理的资金规模，在日本仍以公益法人、NPO法人作为推动慈善事业、社会公益活动发展的主导力量。且根据日本官方公布的数据，近年公益信托呈现逐步萎缩的态势。其主要原因是，相较于公益法人，公益信托的不足主要体现在实施公益事业的范围和财产受限制这一方面。虽然法律上没有对设立公益信托的信托财产的种类进行限制，但实操过程中受托机构在公益信托设立时认可并接受委托的信托财产多限于金钱，而对于能够享受税制上特殊优惠的“特定公益信托”的受托财产种类在法律上限定为金钱，因而公益信托的信托资金大多被用于对外捐赠奖学金或资助金等用途，应用面比较窄。与之相对，公益法人实施的公益目的事业的范围和作为法人持有的财产的种类不受限制，可以进行多种公益目的事业。③其中，公司经营者或股东将所持公司股权直接向公益法人进行捐赠，甚或直接以

① 参见日本内阁府2021年12月公开资料［EB/OL］.（2020-01）.https：//www.koeki-info.go.jp/outline/pdf/2020_01_houkoku.pdf.

② 参见日本总务省大臣官房总务课管理室2020年7月公开资料［EB/OL］.https：//www.soumu.go.jp/main_content/000694250.pdf.

③ 参见信托法部会资料：公益信托法の见直しに関する论点の検讨（1）［EB/OL］.http：//www.moj.go.jp/content/001198864.pdf.

公司股权设立公益法人的事例不断增加，成为公益法人受赠财产来源的重要组成部分。

（三）文化基础

古代日本受到佛教倡导的慈悲济贫、救苦救难思想以及我国儒家学说倡导的天下大同、兼济天下观念的影响，加之农耕社会互相协作的劳动传统，逐渐形成集体主义的社会秩序以及具有本国特色的慈善传统。古代日本的慈善活动主要由佛教等宗教团体实施。日本的飞鸟时代（592—710年），圣德太子热衷弘扬佛法，建立寺院，为贫困者和残疾者实施援助。著名的“四箇院”（悲田院、施药院、疗病院、敬田院），被视为日本公益慈善的源头。进入中世纪，佛教曹洞宗开祖道元为了建设僧院而在1235年专门书写的募金文字，被视为世界上最古老的“慈善捐赠的直邮广告”。近代以来，日本逐步引入西方慈善文化与制度，其中有代表性的事件为博爱社的成立。1877年（明治十年）博爱社由佐野常民创立，1887年改名日本红十字社并存续至今。日本在1947年设立“共同募金会”，至今仍为日本规模最大的政府和民间共同组织的慈善机构。1973年日本翻译出版德国哲学家哈贝马斯的著作《公共领域的结构转型》，在慈善文化系谱中导入“公共性”概念。这一公共性讨论在20世纪90年代与“现代市民社会”合流，进而诞生了日本公共哲学的慈善流派。1995年日本阪神大地震后，1个月内有1万名志愿者前往神户救灾，日本社会各界借机促成NPO法的通过。截至2016年，日本拥有5万多个NPO法人团体，其活动分布在健康、医疗、社会教育、福祉、儿童健全育成、环保、国际协力、雇佣机会等17个领域。2016年11月，日本开始实施《休眠存款法案》，将那些闲置10年以上的银行存款（每年将近800亿日元）通过法定方式注入民间公益慈善活动，被誉为日本公益慈善界的又一里程碑事件。

二、实践经验

（一）上原纪念生命科学财团①

1. 背景介绍

上原纪念生命科学财团（英文名“The Uehara Memorial Foundation”，以下简称为“上原财团”）是日本大型制药企业“大正制药”关联公益财团法人。大正制药创办于1912年，并于1963年在东京证券交易所挂牌上市，现已发展为日本规模最大的制药企业之一，上原家族系大正制药的实际控制人。1985年，为纪念大正制药创业73周年以及缅怀已故名誉会长上原正吉，由上原正吉的遗孀上原小枝与儿子上原昭二创办上原财团，并于2010年2月按照新颁布的“公益法人制度改革关联三法案”登记为公益财团法人。上原财团创立的目的在于资助医药品开发等生命科学相关领域的研究活动，助力国民健康与社会福祉的增进。自财团创办以来，已实施超过10460件捐赠等慈善活动，以助成金形式进行的对外捐赠金额达330亿日元。

大正制药上原财团创立时的基本财产为上原小枝与上原昭二捐赠的1500万股大正制药株式会社的股份以及上原小枝、上原昭二与大正制药株式会社捐赠的33.5亿日元现金存款，上原财团每年的编列预算约为17亿日元，基本上来自基本财产所产生的投资收益。

上原财团现任理事长由大正制药控股株式会社社长上原明担任。

2. 治理结构

关于上原财团的治理结构，主要是由评议员与评议委员会、干事与理事会、选考委员会与咨询委员、事务局等组成。组织结构图如下。

其中，评议员会类似于公司中的股东会，其行使以下权利：①选任、

① 关于上原财团的数据资料等，载上原财团官方网站［EB/OL］.［2022-03-23］. https://www.ueharazaidan.or.jp/index.html.

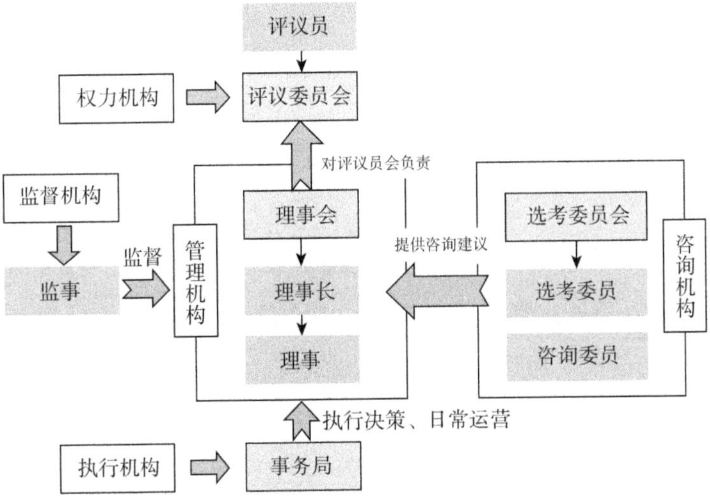

图 6　上原财团组织结构图

解任理事、监事；②修订章程；③审议各经营年度的经营报告及决算；④处分剩余财产；⑤决定基本财产的运用；⑥决定申请长期融资或重要财产的处置与受让；⑦决定合并经营活动的部分或全部，对外转让或废止公益事业等财团重大事项。评议员会由评议员组成，评议员主要出自大正制药集团内其他公司或组织的理事、董事、高管人员，以及国家机关、公共团体、国立大学、特殊法人团体中的工作人员，由评议员会选举产生。现任评议员包括大正制药株式会社现任社长上原茂。评议员不得兼任财团的理事或监事。

干事分为理事与监事，其中理事设有 6 至 10 名，包括理事长 1 名，常务理事 1 名，监事设有 2 至 3 名。理事与监事均由评议员会选举产生。理事会类似于公司中的董事会，其行使以下权利：①决定财团业务运营事项；②监督理事执行职务的状况；③解任代表理事、业务执行理事；④决定评议员会召开的地点及议案等财团重大事项。对于财团持有的大正制药控股株式会社股权，在行使包括股东会表决权等股东权利时，财团均应召开理事会审议并由占总数三分之二以上的理事同意方可通过决议。理事会分为定期理事会与临时理事会，定期理事会每经营年度召开三次，临时理事会主要由理事长在认为必要时临时召集。现任理事中，由大正制药控股株式会社社长上原明担任理事长，大正制药株式会社副社长上原健担任常务理事，其他理事中还包括2012年诺贝尔生理学或医学奖获奖者山中伸弥、2018年诺贝尔生理学或医学奖获奖者本庶佑。

选考委员会主要负责确定财团资助对象，选定受赠、获奖人选，由20名至40名左右的选考委员构成，选考委员由理事会选定人选，理事长聘任。选考委员主要为医药行业的专家学者等专业人士。同时，财团设置20名以内的咨询委员，咨询委员由理事会选定人员，负责向理事长、理事会提供专业咨询意见。咨询委员主要出自科研院所、高等院校的教授学者、研究人员。

3. 管理运作

（1）对于财团财产的管理运用

根据上原财团章程规定，财团财产共分为两类：基本财产与除基本财产之外的其他财产。其中基本财产包括财团设立时即保有的财产（即1500万股大正制药株式会社的股份与33.5亿日元现金存款）、财团受赠时被捐赠人指定纳入财团基本财产的财产、根据理事会决议从其他财产结转至基本财产的财产以及作为基本财产的股权发生拆股、配股等取得的新股这四类财产。章程规定财团应致力于通过恰当方式实现基本财产的保值增值，如出现不得已的理由需要处置基本财产或对外提供担保的，应召开评议员会并由评议员总数三分之二以上同意后决议通过，对于基本财产的维护及处置等必要事项，以理事会审议通过的《财产管理运用特别规定》为准。对于财团财产的管理及运用，则由理事长负责按照《财产管理运用特别规定》规定的方式具体实施。

（2）对外慈善公益活动的实施

上原财团主要专注于生命科学相关领域的公益捐助事业，包括以下几方面：①对于研究活动的资金支持；②对于研究成果的物质奖励；

③支援面向科研人员的派遣与招聘活动；④举办相关研讨会、演讲会及学术论坛，或支援上述学术会议的举办；⑤刊发研究成果，或支援研究成果的出版活动；⑥其他为达成财团创立目的所必需的业务活动。

就上原财团具体开展的活动形式而言，主要包括“上原奖”“助成金”与“海外留学资助”这三种形式。

其中“上原奖”每年颁发一次，颁奖对象主要为在生命科学、医学药学领域取得突出成就的日籍研究人员，奖励“上原奖”金牌一枚以及奖金 3000 万日元。

“助成金”，即为支援某项活动目标的达成所进行的物质资助，主要包括以下形式。

①研究活动的资金支持：研究助成金，资助对象为从事入选名单内的课题的研究人员，年龄不限，资助金额为每项 500 万日元；研究推进特别奖励金，资助对象为从事入选名单内的课题研究，并在专业院校的医学部或药学部建立独立研究室的教授，资助金额为每项 400 万日元；研究奖励金，资助对象为在日本国内从事入选名单内的课题研究的青年科研人员，资助金额为每项 200 万日元；特定研究助成金，主要用于资助 3 年一届的“上原国际论坛”的特定研究课题的征集与研究活动，入选课题将作为“上原国际论坛”报告的课题，资助金额为每项 1500 万日元或 900 万日元（3 年期间内分笔支付）。

②海外留学的资金支持：研究奖学金（Research Fellowship），资助对象为取得博士学位或具有同等业绩的、资助期间的年收入在 600 万日元以下的青年研究人员，资助金额为每项 450 万日元以内；博士后奖学金（Postdoctoral Fellowship），资助对象为取得博士后学位的、至次年 4 月份期间的预期年收入在 250 万日元以下的青年研究人员，资助金额为每项 450 万日元以内。

③赴日研究资金支持：资助对象为从事入选名单内课题研究的、赴日本高校研究生院就读的研究生，资助金额为每月 15 万日元，资助期间

为两年。

④国际研讨会举办资金支持：资助对象为在日本召开的生命科学领域的国际研讨会，资助金额为每项 100 万日元以内。

（二）本庄国际奖学财团①

1. 背景介绍

本庄国际奖学财团（英文名“Honjo International Scholarship Foundation”，以下简称为“本庄财团”）于 1996 年 12 月由当时的伊藤园株式会社董事长本庄正则以其持有的伊藤园株式会社 100 万股股份以及现金 2 亿日元捐赠设立。本庄财团的创设理念为“向在日本留学的优秀外国留学生以及赴海外留学的日本学生进行奖学金援助，期望受赠学生将来成为各领域的有用之才，并成为增进日本与世界各国友谊的桥梁”。本庄正则于 1966 年创设 Frontier 制茶株式会社，并于 1969 年将会社名称变更为伊藤园株式会社，伊藤园现已发展为年销售额超过 1000 亿日元的日本知名无糖饮料品牌。目前伊藤园株式会社仍由本庄家族实际控制。2002 年 7 月本庄正则去世后，其遗孀本庄照子就任本庄财团理事长职务，并再次将伊藤园株式会社的 160 万股股份捐赠作为本庄财团的基本财产。本庄财团现任理事长由伊藤园株式会社社长本庄八郎担任。

2. 组织结构

本庄财团的组织结构与上原财团基本一致，也是评议员组成评议员会作为财团权力机构，理事组成理事会作为财团管理机构决定财团的对外投资与慈善捐助活动，另设由专业领域的外部人士组成的选考委员会，负责确定受赠与获奖对象，以确保公益捐助活动的公平性与专业性。

3. 管理运作

本庄财团主要通过捐资助学等方式参与日本与他国青年之间的国际交流事业，主要面向发展中国家的优秀青年学生以及日本青年学生发放

① 关于本庄财团的数据资料等，参见本庄财团官方网站［EB/OL］.［2022-03-23］. https://www.hisf.or.jp/.

奖学金。目前本庄财团设有“外国留学生奖学金”“赴海外留学日本人研究生奖学金”“国内研究生（仅面向日本本国学生）奖学金”“高中（高专）生奖学金”四种奖学金，此外本庄财团与国外大学或机构共同运营的奖学金项目还有五个。值得一提的是，上述奖学金均由学生作为申请人直接申请，而非通过学校进行申请，也没有限定受赠学生的在读学校范围（例如必须是名校、公立学校等）。

除上述奖学金活动外，自2012年开始本庄财团增设了“食品与健康研究助成金”，对科研机构开展的食品对人体健康的作用机理的研究活动，以发放“研究助成金”的形式进行物质援助。

三、对我国的启示

（一）借助专业组织的力量推动股权慈善的专业化运作

日本现行法律规定设立公益法人需由“公益认定相关委员会及合议制机构”就该组织的公益性进行专业认定，为此日本各都道府县（相当于我国省级行政单位）均设立了各自辖区内由高校教授、会计师、律师、行政书士等专业人员组成的“公益认定相关委员会/审议会”①。这一民间组织除在本辖区内的公益法人设立时对其公益性进行认定外，还负责在本辖区内的公益法人存续期间就其日常运营、开展的公益活动提供意见咨询，并通过现场访问、举办研讨会等形式了解、监督公益法人的活动情况，促进公益组织与社会各界之间的交流。除公益认定委员会/审议会这一专业机构外，各公益法人自身也大多设立选考委员会、咨询委员会等内部机构，负责对本组织的运营活动提供专业意见，借助外部专业人士的力量推动本组织的专业化运营，更好地实现公益组织设立的宗旨与目的。

① 国・都道府县公社公益法人行政综合情报网［EB/OL］．［2022-03-23］．https：//www. koeki-info. go. jp/commission/index. html.

（二）以股权慈善的形式实现产学研的结合，促进家族企业的长远发展

如上文介绍的上原财团与本庄财团，在日本以家族企业股权设立的此类公益财团法人，开展对外捐助活动的重要内容之一，是向与该家族企业主营业务领域直接相关的、高校或学术机构开展的科研活动进行物质资助（例如制药企业大正制药所属上原财团资助生命科学领域的科研活动、食品企业伊藤园所属本庄财团资助食品健康领域的科研活动），提供经费助力相关领域的专家学者开展科研工作。通过这类捐助活动，产业界与学术界作为利益共同体共同致力于本行业的发展与进步，在这一过程中既扩大了本企业在业内的影响力，被资助对象所取得的科研成果又能通过合理方式为本企业所利用，提高了企业的研发能力、推动了企业的科技创新，并最终转化为企业的经济效益。可以说，股权捐赠并不仅仅是家族企业单向的对外输出，其在向社会奉献的同时也获得了丰厚的回报，促进了家族企业的长远发展。

（三）股权慈善是企业配合国家战略、官民一体提升国际影响力的有效途径

在日本像本庄财团这类以股权捐赠设立的公益财团法人，有相当一部分的创设主旨为通过向在日留学的外国留学生以及赴海外留学的日本学生捐赠奖学金，以此促进日本与各国和地区青年之间的交流，改善日本的国际形象，扩大日本的国际影响力。近代以来日本发动的对外侵略战争给亚洲各国和地区带来了深重灾难，由民间力量发起的这类公益组织，相当程度上为改善日本的国际形象作出了努力，可以视作民间外交的重要力量。通过本庄财团公开披露的受赠外国留学生国籍统计数据可以看出，本庄财团捐赠的外国留学生主要是亚洲国家或地区的在日留学生，这和亚洲各国和地区与日本经济文化联系更加密切、日本也需要着重在亚洲地区扩大影响力的原因密不可分。

就我国而言，目前“一带一路”倡议等的实施，不仅需要国家与政

府通过官方途径去推进，民间力量的配合也尤为重要。而且与官方途径相比，民间组织开展的此类公益活动政治色彩不浓，某些方面受到的阻力更小。家族企业捐赠股权设立的公益组织，通过颁发奖学金资助外国留学生以及本国学生赴海外留学等活动，不仅能提高本企业的知名度与美誉度，还能服务于国家战略，受到资助的外国留学生在学成回国后，也能成为对我国有感情的友华人士，有利于我国国际影响力的提高以及外部环境的改善。

第三章

股权慈善的功能与模式

当前，我国股权慈善仍处于逐步发展的阶段。2009 年之前，我国对于股权捐赠的形式是明令禁止的。随着我国经济社会发展、慈善事业需要以及企业家们的现实需求，股权慈善相关法规政策不断制定和完善，股权慈善的功能和价值逐渐展现，先行者们开始探索股权慈善的模式，开启了我国股权慈善的新篇章。

第一节　股权慈善的功能

一、社会功能

（一）推动社会财富再分配

人类社会发展至今，由于个体能力的差异以及宏观环境的变化，分配不均是社会常见现象。在社会收入差距不断拉大的过程中，社会趋于两极分化，资源分配不均带来社会动荡等一系列严重后果，从而影响个人、企业甚至国家的发展。税收制度的建立在一定程度上实现了社会财富的再分配，但其建立在法律框架下仅能满足社会公共需求的基本要求。在整个体系上还缺少企业在道德伦理上更多的再分配实践。股权慈善因其具有的对社会财富进行第三次分配的作用，可以有力缓和社会矛盾，缓解分配不公等问题，为企业和企业家更好地履行社会责任提供了良好的途径。

（二）为慈善事业提供源头活水

伴随着经济社会的发展，大众手中的财富不再以现金为主，而是以股权、艺术品、有价证券、现金等多种形式存在，从而也促进了慈善形式的多样化。股权慈善作为一种在我国新兴的慈善模式，为慈善事业的发展提供了创新活力。股权慈善省去了股权变现过程中的高额成本，并通过分红带来源源不断的现金流，从慈善的源头让慈善事业在深度和广度上不断延伸。

（三）“商业+慈善”实现慈善倍乘效益

股权慈善将标的企业部分或全部变为慈善财产，不仅意味着企业的利润将贡献给慈善事业，在一些情形下还可以达到企业的经营与慈善目标相协同的效果，进一步放大慈善效益。

一是股权标的企业的经营范围本身即与慈善目标相关。以我国目前资产规模最大的慈善信托——鲁冠球三农扶志基金为例。该慈善信托以“让农村发展、让农业现代化、让农村富裕”为宗旨，而其100%持有的公司——万向三农集团有限公司，本身也紧紧围绕种植业、食品饮料及远洋业务开展产业投资。万向三农集团有限公司持有上市公司承德露露、万向德农和航民股份的股份；控股的主要公司包括新疆硝石钾肥有限公司、浙江大洋世家股份有限公司、杭州品向位食品有限公司、洛阳氟钾科技股份公司等；参股的主要公司包括浙江网商银行股份有限公司、万向财务有限公司、杭州万事利丝绸文化股份有限公司等，产业涵盖种植业、养殖业、捕捞业、农资、农技、农产品加工、农村小微金融等领域。通过加强相关业务的品牌与渠道建设，整合科研、生产、市场三大资源，实现体系化科研、规模化生产和网络化市场，以下属多家企业解决当地剩余劳动力，带动就业增加、农民增收和环境改善。万向三农集团有限公司的经营对于鲁冠球三农扶志基金慈善目的的实现发挥着直接推动作用。

二是企业能够发挥所从事领域的专业优势为慈善赋能，助力慈善目标的实现。例如，上海市慈善基金会接受上海欧擎欣锦创业投资有限公司捐赠的“贝格数据”（贵州数联科技有限公司）5%的股权。贝格数据是金融大数据服务商，在“互联网+”时代，慈善组织拥有“贝格数据”的股权，将有利于通过大数据平台尝试“互联网+慈善”的新模式，提高慈善捐赠效率，扩展慈善渠道，为慈善事业创新发展注入新的活力。

三是将慈善财产用于股权投资来实施影响力投资，将商业与慈善相结合，探索和建立可规模化的商业模式和市场化的运作机制，一方面获得财务回报，增厚慈善财产；另一方面帮助被投资企业持续成长，产生更多的社会效益，从而实现慈善倍乘效应，促进慈善事业可持续发展。例如，清华大学教育基金会通过杭州泰之有创业投资合伙企业（有限合伙）投资的米公益［多拿米网络科技（北京）有限公司］是一个互联网公益平台，利用科技和手机应用的创新，打造移动应用，将公益项目、个人用户和爱心企业相连接，以实现公益捐赠的高效、便捷、公开：公益项目通过在米公益的手机 App 上线获得项目展示和执行资金的机会；个人用户通过完成 App 中的任务赚取“大米”，然后选择喜爱的公益项目捐出大米；获得预先设定的米数，公益项目将获得来自爱心企业与捐赠人的资金支持，同时爱心企业的品牌也得到传播。米公益上线以来，注册用户达 400 万个，合作企业 200 多家，引导企业捐赠 5000 万元，执行公益项目 800 多个，项目类型覆盖公益全领域。

二、经济功能

（一）实现平稳的财富代际传承

1. 保持控制权，避免股权分散和稀释

相比于捐赠实物或者现金，采用股权慈善的方式并不会使公司的资金减少，虽然股东有所变化，对公司的经营发展而言不会产生很大的影响。慈善组织/慈善信托接受股权捐赠/信托后，其作为公司股东持有股权的主要目的是获得分红，受赠人/受托人很少主动参与公司治理，往往只扮演一个“静默者”的角色。公司的控制权仍然可以掌握在捐赠人手中，并通过合理的机制设计将控制权传承下去，有效避免股权因婚姻变故、代际传承等原因而被逐渐分散和稀释。[①]

2. 解决子女不愿接班的问题

家族企业的一代开创者面临着家族传承的挑战和危机，究其原因，主要是两代之间在传承观念上存在较大差异，主要体现在：

（1）在家族企业传承的过程中，往往会出现家族企业所处行业与家族二代的兴趣不一致。在经济发展的大背景下，一代开创的企业往往是传统的制造业，而二代成长于科技兴盛的时代，他们往往对科技、通信、金融投资等领域更加感兴趣。因此，在传承的过程中出现自己家族企业与自己感兴趣的领域不同，导致二代不愿意接班。

（2）在实体经济发展面临变革的情况下，家族企业需要进行转型升级以适应社会新要求，而家族二代面对此项挑战缺乏信心。

（3）家族企业的二代面对家族企业传承的问题，往往会更倾向于家族财富的传承而非家族企业的继承，他们更希望获得的是财富，然后利用财富在自己感兴趣的行业进行开拓创新。

（4）家族二代相比于创一代接触了更多国内外先进经营理念，在家族企业传承的过程中，两代人往往会在企业经营理念上产生分歧。

以上种种原因导致仅有较少的年青一代愿意接班家族企业，家族财富的有效传承这一诉求催生新思路的开启，股权慈善在一定程度上解决了这一问题。相对于创一代所从事的行业，创二代更容易对慈善产生兴趣。一些企业家也逐步意识到慈善是对下一代最好的教育，也是两代人沟通的最佳桥梁。家族企业通过去家族化，引入职业经理人和现代企业治理结构，以股权慈善保证企业控制权，让子女参与慈善事业，从而实现家业和家族精神的永续传承，成为一条可行的路径。

---

① 蔡概还，陈进．发展家族慈善信托 解决家族企业管理与传承痛点［J］．中国银行业，2019（4）：95—97.

（二）实现资产长期保值增值

股权慈善使得慈善事业能够享受经济发展和企业成长的红利。随着企业不断发展壮大，股权受赠机构可以获得稳定的股息分红收益，获得的收益还可以进行再投资。基于市场的情况，捐赠机构可以选择合适时机出售部分股权，从而将资产变现，便于慈善事业后续的运行。股权慈善可以为受捐机构提供更多的资产升值空间，实现了慈善资产的长期保值增值。

三、文化功能

（一）弘扬企业家精神

新时代的企业家精神内涵不断丰富，不仅是艰苦奋斗、开拓创新的创业精神，也是心系国家、回馈社会的无私奉献精神。股权慈善作为一种慈善事业的新型创新模式，是弘扬和阐释企业家精神的重要方式，为企业家提供投身慈善、回报社会的实践途径，也为企业家提供了二次创业的新平台。

（二）传承家族文化

家族股权慈善信托不仅是财富的传承，更是一种精神的传承，正向的价值观有利于基业长存，股权慈善信托为家风的延续提供了平台，加深了家族的凝聚力和代际纽带，使家族优秀的文化与经营思想能够薪火相传。在信托的设立过程中，通过设置限制性、激励性等条款，把执行家族理念作为信托文件的重要内容之一，有利于将老一辈的思想精髓保留下来，统一企业的经营理念，促进家族和睦，塑造并传递积极的社会责任意识，为家族企业的传承奠定基础。

（三）传播企业文化

企业通过股权捐赠等慈善行为，在表明自身经营情况稳定的同时，还传递出企业的价值观，体现出乐善好施的企业文化，降低员工与企业、市场与企业的信息不对称，不占用企业资金，能有效避免市场波动，保护中小投资者权益①。同时，企业通过股权慈善的方式，能吸引到更多认同企业文化的投资者、优秀人才和消费者，扩大企业规模，增强企业竞争力，保证企业的长期活力。

（四）塑造慈善文化

慈善事业的产生根植于社会文化的土壤，不同的社会文化涵养了不同的慈善事业发展特色。慈善文化的形成发展不仅依托于慈善精神促使之下的物质慈善，也依托于慈善相关法律法规的不断完善，更体现在对慈善的认可、实践、创新发展以及文化理念的传承。股权慈善的产生，依托于企业的股权作为捐赠基础，以企业的名义履行社会责任，塑造并丰富了慈善文化。

第二节　股权捐赠的基本模式

一、股权捐赠的模式

（一）捐赠主体

根据慈善法规定，捐赠人捐赠的财产应当是其有权处分的合法财产。因此股权捐赠的主体为合法持有一家公司股权的股东，性质上可以为自然人、法人或其他组织。

（二）捐赠对象

根据慈善法的规定，捐赠人可以通过慈善组织捐赠，也可以直接向受益人捐赠；慈善组织，是指依法成立、符合该法规定，以面向社会开展慈善活动为宗旨的非营利性组织；慈善组织可以采取基金会、社会团体、社会服务机构等组织形式；捐赠人与慈善组织约定捐赠财产的用途和受益人时，不得指定捐赠人的利害关系人作为受益人；慈善组织确定

① 王振耀．现代慈善与社会治理［M］．北京：社会科学文献出版社，2014：31—48.

慈善受益人，应当坚持公开、公平、公正的原则，不得指定慈善组织管理人员的利害关系人作为受益人。因此，理论上，股权慈善信托的捐赠对象为以慈善为宗旨的非营利组织，以及与捐赠人无利害关系的受益人。

财政部、国家税务总局分别于 2016 年和 2019 年出台了《关于公益股权捐赠企业所得税政策问题的通知》和《关于公益慈善事业捐赠个人所得税政策的公告》，对企业和个人股权捐赠税收问题进行明确。

《关于公益股权捐赠企业所得税政策问题的通知》规定，企业实施股权捐赠后，以其股权历史成本为依据确定捐赠额，并以此按照企业所得税法有关规定在计算所得税前予以扣除；公益性社会团体接受股权捐赠后，应按照捐赠企业提供的股权历史成本开具捐赠票据；公益性社会团体，是指注册在中华人民共和国境内，以发展公益事业为宗旨，且不以营利为目的，并经确定为具有接受捐赠税前扣除资格的基金会、慈善组织等公益性社会团体。

《关于公益慈善事业捐赠个人所得税政策的公告》规定，个人通过中华人民共和国境内公益性社会组织、县级以上人民政府及其下属部门等国家机关，向教育、扶贫、济困等公益慈善事业的捐赠（以下简称公益捐赠），发生的公益捐赠支出，可以按照个人所得税法有关规定在计算应纳税所得额时扣除；前款所称境内公益性社会组织，包括依法设立或登记并按规定条件和程序取得公益性捐赠税前扣除资格的慈善组织、其他社会组织和群众团体。

从实操角度看，捐赠人进行股权捐赠，通常会选择获得公益性捐赠税前扣除资格的公益性社会团体作为捐赠对象，以享受股权捐赠的税收优惠政策。

（三）可捐赠标的

关于捐赠的财产，慈善法规定捐赠人捐赠的财产应当是其有权处分的合法财产；捐赠财产包括货币、实物、房屋、有价证券、股权、知识产权等有形和无形财产。因此，可捐赠标的应该是捐赠人合法所有且有权处分的股权。此外，股权捐赠在法律上视同股权转让，可捐赠标的还应当是依据公司法、证券法、公司章程，以及特殊法律法规如《企业国有产权转让管理暂行办法》等规定可以转让的股权。

1. 非上市股份公司和有限责任公司的股权

非上市股份公司和有限责任公司的股权不具有上市公司股份的流通性，不涉及广大的中小投资者，尤其是有限责任公司，具有很强的人合性。根据公司法的规定，除非公司章程另有规定，如果捐赠人欲将其持有的有限责任公司股权捐赠出去，应当经其他股东过半数同意。而当捐赠人为公司发起人，其持有的本公司股份，自公司成立之日起一年内不得转让。当捐赠人为公司董事、监事、高级管理人员时，应当向公司申报所持有的本公司的股份及其变动情况，在任职期间每年转让的股份不得超过其所持有本公司股份总数的25%。

2. 上市公司的股票

上市公司因涉及广大中小投资者利益，股票捐赠不仅需要遵守公司法和证券法的规定，还要遵循证监会、证券交易所关于上市公司股票交易批准、限售、信息披露等规定。比如，我国创业板要求，控股股东、实际控制人所持股份，承诺自发行人股票上市之日起满三年后方可转让，这意味着如果捐赠人是企业的控股股东或实际控制人，需要在IPO后持股三年，方可对外捐赠。此外，上市公司法律制度有一个很重要的要约收购制度。为保护中小投资者利益，法律要求当一持股者持股达到一定比例时，强制其向目标公司其他同类股票的全体股东发出公开收购要约。我国证券法规定，通过证券交易所的证券交易，投资者持有或者通过协议、其他安排与他人共同持有一个上市公司已发行的股份达到30%时，继续进行收购的，应当依法向该上市公司所有股东发出收购上市公司全部或者部分股份的要约。

同时，在股权捐赠中，要注意股票本身是否存在质押等权利瑕疵。在具体操作时，还要注意是否已经获得内外部的相关批准、工商登记等各项手续的合法性和完整性。

（一）捐赠额的确定

根据《关于公益股权捐赠企业所得税政策问题的通知》规定，企业实施股权捐赠后，以其股权历史成本为依据确定捐赠额，并以此按照企业所得税法有关规定在计算所得税前予以扣除。公益性社会团体接受股权捐赠后，应按照捐赠企业提供的股权历史成本开具捐赠票据。

《关于公益慈善事业捐赠个人所得税政策的公告》（财政部 税务总局公告 2019 年第 99 号），个人发生的公益捐赠支出金额，按照以下规定确定：捐赠股权、房产的，按照个人持有股权、房产的财产原值确定。

（二）股权管理

股权捐赠完成后，受赠人成为企业的股东。由于受赠人接受股权捐赠的主要目的是获得股权的收益，而非参与企业治理，且受赠人往往不具备企业所属领域的专业能力，为了保证企业能够继续顺利运营，企业的控制权一般仍掌握在捐赠人的手中。

例如，在曹德旺向河仁慈善基金会捐赠福耀玻璃股份的案例中，根据曹德旺最初的设想，他希望将自己家族所持有的福耀股份的 70%（约 7 亿股）捐赠出来，捐赠后，基金会成为公司的第一大股东，而曹德旺家族则退居为第二大股东，同时为了继续保持对公司的控制权，福耀集团上市公司公告里规定，“曹德旺先生将在正在起草的捐赠协议上要求受捐单位在持有公司股票期间以及今后有大宗交易等涉及公司事务时一律授权第二大股东表决”。然而面对要约收购和控制权转移等问题，曹德旺最终将捐赠缩减为 3 亿股。捐赠后，曹德旺家族实际控制的三益发展有限公司仍为福耀玻璃第一大股东，而河仁慈善基金会为第二大股东。

在我国公司法确立的“同股同权”原则下，控制权的丧失成为制约大额股权捐赠的一个瓶颈。相较而言，那些被允许使用“同股不同权”方案的公司拥有更大的灵活性。例如，脸书的首席执行官扎克伯格，

2015年12月承诺将与妻子普莉希拉·陈捐出他们持有的脸书99%的股份用于慈善事业。为了保证捐出股份时不致失去控制权，脸书计划发行不具有投票权的C类股票。扎克伯格捐赠C类股份，从而保证公司的控制权不受影响。

（三）慈善资金的取得方式与支出路径

公益性社会团体接受股权捐赠后，一般不能直接以股权开展慈善活动，而是要凭借所持有的股权获得资金，再进行慈善支出。获得资金的方式有两种，一是获得公司分红。由于公司经营面临风险，公司盈利的持续性难以保证，因此公司分红具有不稳定的特点。对于具有公开募捐资格的慈善组织而言，按照规定，其年度慈善活动支出不得低于上年总收入的70%，不稳定分红可能会给这类慈善组织带来较大的资金压力。二是转让股权获得收入。上市公司股票具有较好的流动性，可直接在二级市场卖出；而非上市公司股权流动性较低，转让较为困难。

二、股权捐赠的优势与劣势

（一）股权捐赠的优势

1. 可操作性较强

无论是将股权捐赠给现有的慈善组织，还是以股权成立一个新的慈善组织，目前关于慈善组织的各项法律法规已经较为健全，在股权捐赠的过程中可以做到有法可依，股权捐赠的合规路径逐渐清晰。同时，经过一些慈善先锋的探索，股权捐赠的实践案例不断累积，有越来越多的操作模式可供借鉴。这使得股权捐赠具有较强的可操作性。

2. 税收优惠政策日趋完善

目前针对公益性股权捐赠的税收优惠政策日趋完善，明确股权捐赠额按照历史成本计算，且捐赠额可以在三年内进行所得税税前扣除，有效降低了捐赠人的捐赠成本和税收负担，对于大额股权捐赠具有较强的激励作用。

（二）股权捐赠的劣势

1. 灵活性不足

慈善组织的产生、发展、成熟依托于慈善环境的不断成熟，股权捐赠给慈善组织之后，慈善活动需要在制度规范的引导下开展，在一定程度上受到制度的制约。如果捐赠给现有的慈善组织，慈善组织可能会倾向于开展自己擅长领域的慈善活动，在一定程度上降低了慈善目的的灵活性。

2. 对慈善事业的参与度较低

根据监管要求，进行股权捐赠需要进行股权变更手续，捐赠人不再对已捐赠股权行使股东权利，捐赠的股权所有权由捐赠人转移到慈善组织。所有权转移发生之后，对于捐赠资产如何开展公益事业主要由慈善组织主导，捐赠人对于慈善活动的参与度较低。

三、股权捐赠的适用情形

（一）不会导致控制权转移的捐赠规模

根据《关于企业公益性捐赠股权有关财务问题的通知》（财企〔2009〕213号），企业捐赠后，必须办理股权变更手续，不再对已捐赠股权行使股东权利。在我国现行的“同股同权”原则下，捐赠人进行大额股权捐赠会导致控制权的丧失，进而可能影响公司的持续稳定经营，而接受捐赠的慈善组织也会面临沉重的企业经营负担。因此，股权捐赠适用于捐赠股权占比较低，不导致企业控制权发生转移的情形。

（二）捐赠财产为上市公司股票

慈善组织受到较为严格的监管，在年度慈善支出方面面临压力。根据《关于慈善组织开展慈善活动年度支出和管理费用的规定》（民发〔2016〕189号），具有公开募捐资格的慈善组织开展慈善活动的年度支出不得低于上年总收入的70%；而不具有公开募捐资格的慈善组织年度慈善活动支出，按照最低标准也不得低于上年末净资产的6%。接受股权捐赠后，慈善组织的年度支出也需要相应增加，如果企业分红不能为慈善组织带来稳定的现金流，慈善组织就可能承受流动性压力。而如果接受捐赠的是上市公司股票，慈善组织则可以通过卖出部分股票获得资金，以维持必要的年度慈善支出。因此，相对于流动性较低的未上市企业股权，上市公司股票更适合用于股权捐赠。

第三节　股权慈善信托的基本模式

一、股权慈善信托的模式

（一）委托人

根据信托法和慈善信托管理办法，具有完全民事行为能力且合法拥有股权财产的自然人、法人和依法成立的其他组织可以作为股权慈善信托的委托人。信托可以有单一委托人，也可以有多个委托人。

（二）受托人

根据慈善信托管理办法规定，慈善信托的受托人可以由委托人确定其信赖的慈善组织或者信托公司担任。随着慈善信托的不断创新，也产生了由信托公司和慈善组织同时担任同一慈善信托受托人的“双受托人”模式。除此以外的其他任何单位和个人不得以“慈善信托”等名义开展活动。受托人在接受委托人委托后，以自己的名义对慈善信托财产进行管理以及处置，开展慈善活动。

（三）受益人

慈善信托是以开展慈善活动为目的而设立的信托，委托人不能指定或者变相指定与委托人或受托人具有利害关系的人作为受益人。一般而言，慈善信托的受益人为不特定的社会公众。委托人可以在信托合同中约定受益人的范围及选定方式。

（四）信托财产

设立股权慈善信托的股权除了应当满足本章第二节股权捐赠模式所述的各项条件外，还应当符合信托法对信托财产的要求，设立信托的股权不能是法律、行政法规禁止流通的股权；法律、行政法规限制流通的股权，则需依法经有关主管部门批准。

信托法规定，设立信托，对于信托财产，有关法律、行政法规规定应当办理登记手续的，应当依法办理信托登记。未依照前款规定办理信托登记的，应当补办登记手续；不补办的，该信托不产生效力。目前我国信托登记制度尚未健全，关于股权不登记是否会导致信托无效的问题，业界有诸多讨论。目前一般认为，无论是有限责任公司、未上市股份公司，还是上市公司，登记都不是股权变更的生效要件，因此，不登记并不会影响股权信托的效力。

（五）信托的运营管理

信托财产交付后，慈善信托成为标的公司的股东，获得股权所附属的权利及收益，受托人代表慈善信托行使对标的公司的股东权利。在信托存续期间，包括委托人、受托人在内的各个信托角色共同参与慈善信托的运营管理。

1. 信托权力机构

信托权力机构的设置是信托治理结构的核心。信托运营的重要事项均交由权力机构进行决策。最简单的权力机构仅包含委托人，全部信托事项均由委托人全权决策。然而考虑到股权慈善信托生命周期往往较长，为了保障信托的稳定运营，信托通常会设置更加均衡的权力机构。例如慈善信托可以参照现代企业的治理结构，在信托中设置董事会。必要时，董事会项下还可以设置专业委员会，如投资委员会、资助委员会等。董事会成员的聘任、解聘以及董事会议事规则均可在信托设立时在信托合同中进行约定。

2. 监察人

根据慈善信托管理办法，慈善信托的委托人根据需要，可以确定监察人，监察人对受托人的行为进行监督，依法维护委托人和受益人的权益。监察人有权查看受托人处理信托事务情况和财产状况相关资料，发现受托人违反信托义务或者难以履行职责的，应当向委托人报告，并有权以自己的名义向人民法院提起诉讼。监察人可以是自然人，也可以是法人。企业委托人通常聘请律师事务所、慈善组织等作为监察人，而自然人委托人会请自己的亲友作为监察人。

3. 慈善顾问或项目执行方

在慈善领域，慈善组织相对信托公司更具有专业优势，慈善信托通过引入慈善顾问或项目执行方，可以实现更加细致的专业分工——信托公司负责信托的运营和信托财产的管理，慈善顾问或项目执行方负责慈善资助项目的咨询、调研、设计和执行。

4. 其他参与方

信托的灵活性使其可以包容更加多样化的角色共同参与信托的管理。例如，慈善秘书，负责慈善项目相关事务的处理；建议人，负责向权力机构提供资助项目建议；投资顾问，负责对信托因分红所取得的资金提供投资建议。

（六）资助资产的取得方式与支出路径

以股权财产设立慈善信托，每年慈善支出资金的第一来源是股权分红。在慈善用款需求较高，单纯依靠分红无法满足的情况下，也可以处置部分股权获得慈善资金，用于开展慈善活动。除此之外，股权慈善信托也可以直接以持有的标的公司开展资助，具体的方式有两种。一是直接以公司的名义进行捐赠，可以捐赠给慈善组织，也可以捐赠给受益人；二是以公司的名义开展影响力投资，以商业化的思维和市场化的手段开展慈善活动。在某些情况下，直接以公司的名义进行资助能有效简化流程，提升资金的周转和使用效率。

二、股权慈善信托的优势与劣势

（一）股权慈善信托的优势

1. 满足个性化需求

信托制度的优势赋予股权慈善信托极高的灵活性，充分满足委托人的个性化需求。信托的慈善目的、信托期限、决策方式、参与方、财产的投资管理、资助方式等均可以根据委托人的需求进行定制。相对于股权捐赠，股权慈善信托更容易走出特色化的发展之路。

2. 委托人慈善参与度较高

设立股权慈善信托之时，委托人可以与受托人就慈善信托每年的慈善支出金额、支出比例、慈善方向进行约定，委托人可以对自己的感兴趣的慈善领域开展慈善活动。另外，股权慈善信托对亲属任职没有限制且运行机制灵活，保障了委托人家族的控制权，也满足了委托人慈善心愿。

3. 维持公司稳定经营

设立股权慈善信托，受托人根据委托人的需求，在信托层面设计个性化的治理架构和决策机制，委托人可通过信托的权力机构间接参与公司决策，从而有效避免公司因控制权转移而出现经营波动和风险，维护公司正常稳定运行，使得公司能继续创造利润，持续为慈善活动和项目提供资金支持，实现委托人的慈善目的。此外，信托的治理结构中还可以融入继任机制，到代际传承之时，由委托人的子女后代替代委托人继续参与慈善信托的管理运作，继续保持公司的平稳经营。

4. 实现家族精神传承

股权慈善信托具有完全的公益性，既杜绝了家族内部的争产，也防范了外部的觊觎，最大限度地实现家族资产的隔离和保全。下一代创富动机的枯竭正是很多财富家族衰亡的直接原因，而股权慈善信托的公益特质能够激励家族企业继续创造财富。股权慈善信托承载家族的精神与希望，进而成为国家和社会进步的动力。

5. 灵活安排慈善支出

慈善信托在年度慈善支出方面不受限制，委托人可以根据实际需要制定长期慈善策略和年度支出预算，灵活安排慈善支出。公司也可以根据慈善规划制订相应的分红计划，满足慈善用款需求。

（二）股权慈善信托的劣势

1. 税收优惠政策尚未明确

股权慈善信托的设立需要考虑到税务、信托财产登记、上市公司股权要约收购以及资产性质等多方面问题，其中税务部门是否认定股权慈善信托可以享受税收优惠是关键性的因素。当前，慈善法律法规不断成熟，然而慈善信托税收优惠制度仍有待完善，在一定程度上制约了股权慈善信托的发展。

2. 信托公司在慈善领域专业性不足

信托公司作为慈善信托受托人，在金融领域具有突出的专业优势，但在慈善领域的专业性不足，缺少专门的人才进行慈善项目的设计和运营。慈善信托资助环节，往往要借助外部力量，或聘请慈善顾问，或指定项目执行方，或采取双受托人模式，联合慈善组织共同开展慈善活动。

三、股权慈善信托的适用情形

（一）会带来控制权转移的大额捐赠

股权慈善信托设立后，受托人成为公司的股东，委托人不再对该部分股权行使股东权利。但与股权捐赠不同，在信托关系下，受托人始终要按照委托人的意愿对信托财产进行管理，这赋予股权慈善信托极高的灵活性。通过合理的治理结构和决策机制，委托人仍然能够通过信托来保证企业的平稳运行，而不必担心企业因委托人控制权丧失而出现风险。因此，对于股权捐赠比例较高以致造成企业控制权转移的股权慈善，更适合用股权慈善信托的模式来实现。

（二）捐赠人有个性化的慈善目的

每个慈善组织都有明确的宗旨、活动范围和特定的擅长领域。尽管一些慈善组织也面向捐赠人提供慈善咨询和慈善方案，但灵活性相对有限。在捐赠人有个性化的慈善目的时，要寻找合适的慈善组织作为受赠方较为困难。捐赠人也可以选择新设立一家慈善组织来实现慈善目的，然而设立和运营慈善组织都涉及大量的工作，此外还需要配备场地和人力等，捐赠人要付出较高的成本。在这样的情况下，设立股权慈善信托是更好的选择。信托可以满足捐赠人的个性化慈善需求，长期服务于捐赠人的慈善目标，而避免增加额外的成本。此外，信托作为一个灵活的载体，可以容纳诸多参与方，在慈善项目的设计和运营上，可以通过慈善顾问、慈善执行方等参与方的引入，来为捐赠人提供专业化的慈善服务。

（三）捐赠人强烈的慈善参与需求

慈善组织在接受捐赠后通常自行安排慈善财产的使用，即使是定向捐赠，捐赠人也仅指定慈善财产用途，而不会参与慈善项目。而在股权慈善信托模式下，捐赠人甚至捐赠人的亲友家人、子女后代，都可以深度参与慈善项目的设计和运营，通过长期的资助，为相关领域带来系统性的影响和改善。因此，股权慈善信托更适合有强烈参与需求的捐赠人。

第四节　慈善财产股权投资的基本模式

一、慈善财产股权投资的模式

（一）直接投资于股权

民政部于2018年11月5日公布了《慈善组织保值增值投资活动管理暂行办法》。其中提到，慈善组织开展投资活动主要有三种：

（1）直接购买银行、信托、证券、基金、期货、保险资产管理机构、金融资产投资公司等金融机构发行的资产管理产品；

（2）通过发起设立、并购、参股等方式直接进行股权投资；

（3）将财产委托给受金融监督管理部门监管的机构进行投资。

这意味着慈善组织可以直接进行股权投资，也可以通过资产管理产品或委托金融机构进行股权投资。

对于直接股权投资，上述办法规定，慈善组织直接进行股权投资的，被投资方的经营范围应当与慈善组织的宗旨和业务范围相关。同时要求慈善组织的负责人和工作人员不得在慈善组织投资的企业兼职或者领取报酬，但受慈善组织委托的，可以作为股东代表、董事或者监事，参与被投资企业的股东会、董事会。

（二）通过资管产品、委托金融机构或设立投资管理公司进行股权投资

除了慈善财产直接投资于股权模式外，还可以通过投资资管产品、委托金融机构、设立全资或控股的投资管理公司等方式进行股权投资。

1. 通过资管产品进行股权投资

慈善财产可以通过参与证券投资基金、银行理财产品、信托计划、资管计划等资管产品来间接地进行股权投资。在资金端，资管产品通常面向多个投资者进行募集，从而可以有效地降低单个投资者参与股权投资的门槛；在资产端，资管产品可以通过筛选和配置多个投资标的，实现风险的充分分散。因此，对于慈善财产而言，通过资管产品可以以更少的财产参与进行股权投资，并进行多元分散配置。

2. 委托金融机构进行股权投资

慈善财产可以委托金融机构进行股权投资。借助金融机构在股权投资领域的专业优势和管理经验，慈善财产更有机会获得理想的投资收益。另外，相比于资管产品，委托金融机构进行投资，金融机构可根据慈善

财产的规模、期限、对风险和收益的要求等个性化地定制投资策略和方案，更好地满足慈善财产的投资需求。

3. 设立投资管理公司进行股权投资

慈善财产还可以设立专门的投资管理公司进行股权投资。设立一家子公司进行股权投资，可以实现一定的风险隔离，同时可以自主组建专业团队进行股权投资，从而更加灵活、高效地实现慈善财产的投资目标。

二、慈善财产股权投资的优势与劣势

（一）慈善财产股权投资的优势

1. 可以获得长期回报

接受捐赠后，如何实现财产的保值增值以及抵御通货膨胀是受赠机构非常关注的问题。股权投资往往会有一个较长的锁定期，能够匹配长期的慈善资金，获得长期的投资回报。

2. 投资回报率较高

慈善财产用于股权投资往往由专业的管理人进行管理，专业化的管理保证了在一定可承受风险的范围内，相比于投资的货币现金、固定收益等产品能够获得高水平的回报率。

（二）慈善财产股权投资的劣势

1. 面临投资风险

慈善财产的股权投资对于专业能力的要求较高，在筛选符合投资条件的标的时，需要慈善组织花费较多的精力对投资标的、投资产品和投资机构进行甄别，同时也面临着投资失败、资产出现损失的风险。

2. 面临声誉风险

慈善组织持有被投资公司股权，一旦被投资公司出现负面新闻，则可能降低社会和市场对慈善组织的认可度和信任度，对其声誉带来不良的影响。

三、慈善财产股权投资的适用情形

（一）慈善财产规模大

对于规模较大的慈善财产，一般而言可用于投资的资金较为充裕，投资范围也更加倾向于多元化以分散风险，仅投资于短期理财产品无法满足其对于投资回报率的要求。流动性较低的股权，例如未上市企业股权和上市企业非流通股等，相对于流动性高的资产而言，往往存在价值折扣，因而具有投资机会和价值。大额、长期的慈善财产对低流动性的承受能力相对较高，可以享受资产长期持有带来的溢价。正是由于大额慈善财产与股权投资在流动性和收益特征方面的契合性，股权投资是大额慈善财产较为理想的一种投资选择。

此外，股权投资对专业能力的要求极高，较大的资产规模可支持专业投资团队的聘请，借助专业人才在全市场寻找最佳的投资机会。以有限的资产管理费用来获得慈善财产整体收益率的大幅提升，这对于大规模的慈善财产来讲是极具价值的。慈善财产的规模越大，这种规模效应越显著。而对于规模较小的慈善财产而言，聘请专业团队带来的资产增值甚至难以覆盖聘请团队本身的费用，则不具有这种规模效应。

在美国，大学基金会特别是资产规模在 10 亿美元以上的大学基金会，是股权投资领域重要的机构投资者，全美规模最大的大学基金会耶鲁大学捐赠基金是其中最具标志性的一员。根据耶鲁大学捐赠基金 2020 财年的报告（2019 年 9 月至 2020 年 6 月），其资产规模已达到 303 亿美元。巨大的资产体量一方面来自其多年来接受捐赠所得，更重要的是源自其强劲的投资增值能力。耶鲁大学捐赠基金创新、积极、稳健的投资策略被称为“耶鲁模式”。

在耶鲁大学捐赠基金的各类资产中，创业投资占 23.5%，并购投资占 17.5%，国外股票占 11.75%，国内股票占 2.25%，股权投资作为整个投资组合的核心，比例占到一半以上。在过去的 20 年中，耶鲁大学捐赠基金投资年化收益率达到9.9%，远超美国股票市场6.2%的年化收益率，也显著高于全美大学基金会5.6%的平均年化收益率。私人股权投资在投资组合中扮演着收益引擎的作用。在过去的20年中，并购投资的平均年化回报率达到11.2%，创业投资的平均年化回报率更达到11.6%。在具体投资案例上，耶鲁大学捐赠基金曾通过私人股权投资包括谷歌、雅虎、亚马逊、戴尔等一系列高科技公司，在相关公司上市后获得巨额回报。耶鲁大学捐赠基金能够取得如此优异的长期历史业绩，主要缘于私人股权投资领域的布局使其能够在全球经济发展的过程中充分分享潜力企业的成长价值。

（二）对资产保值增值要求高

慈善组织的持续经营离不开长期稳定的资金支持。资产的保值增值，是除了筹款以外保障慈善组织持续发展的一个重要环节。相比于具有公开募捐资格的慈善组织，那些不具有公开募捐资格的慈善组织在筹款渠道方面相对受限，对资产保值增值的要求更高。

具有公募资格的慈善组织要确保每年的慈善支出不低于上一年总收入的70%，很少有剩余资金用来投资；而不具有公募资格的慈善组织压力则较小，如上年度净资产规模超过1000万元的年度支出不低于上一年基金余额的6%即可，以往募集所得善款可以得到一定程度的积累。且大部分被积累下来的善款在短期内不会被支出，形成慈善组织非常宝贵的资源，如何充分利用好这一资源显得尤为重要。这就使得非公募慈善组织通常对资产保值增值有着更高的要求，也更加倾向于通过股权投资的方式来增厚投资收益、增加慈善资金的规模。

（三）创办者具有商业或金融背景

随着我国慈善事业的发展、各项法律法规和政策的完善，民间资本参与慈善事业的热情不断被激发，企业家成为发起设立慈善组织的重要力量。而具有商业或金融背景的企业家所发起设立的慈善组织，相对更容易接受采取股权投资的方式进行资产配置的投资理念。

例如，友成企业家乡村发展基金会（2022年10月更名前为“友成企业家扶贫基金会”）是由中国大陆、中国香港和中国台湾的著名企业家发起的基金会，创始人、理事长王平曾任职于教育、国际政治、政策研究、投资银行等领域，发起人还包括泰康保险集团股份有限公司创始人、董事长兼 CEO 陈东升，以及富兰克林证券投资顾问股份有限公司（台湾）总裁刘吉人等。友成企业家扶贫基金会自成立后就设立了北京友成资产管理有限公司，开展风险可控的股权投资，以投资回报覆盖基金会日常运营成本，实现保值增值。

（四）影响力投资与公益创投

义利并举、将公益与商业相结合的影响力投资逐渐被国内越来越多的慈善组织所接受。影响力投资这一创新的投资概念最先由洛克菲勒基金会在 2007 年提出，倡导资本通过有经济效益的投资来做公益。① 2010 年，摩根大通与洛克菲勒基金会联合发布了《影响力投资：新兴的资产类别》，把影响力投资界定为资产类别的一种，由此奠定了影响力投资在投资界和公益界的地位。影响力投资是以创造可测量的社会影响为主要目的且具备财务增值潜力的投资。与此类似的概念还有公益创投。②

这种特殊的股权投资是资助型基金会和正在向资助型基金会转型的公益基金会正在探索的重要方向。在公益价值链中，资助型基金会定位于资源供给者，其价值就在于以资助促进公益生态发展。相比于直接资助一个社会组织运作的公益项目，以公益创投的方式来孵化和培育社会组织，能够为小微社会组织的发展带来更有力的推动。因为相比于“资助”，“投资”所投入的资源不再仅仅是资金，还包括人力资源、运营管理经验以及其他社会资源，从而全方位帮助社会组织成长，逐步实现公益生态体系的搭建和完善。除资助型基金会外，由高净值人士和家族设立的慈善信托，通常有较强的为社会创新承担风险的能力和意愿，也适合以影响力投资的方式来开展慈善资助。

---

① 罗伯·约翰，顾蕖梅．高度参与的慈善：公益风险投资在欧洲的发展［J］．经济社会体制比较，2010（4）：143—152.

② 刘志阳，邱舒敏．公益创业投资的发展与运行：欧洲实践及中国启示［J］．经济社会体制比较，2014（2）：206—220.

第四章

股权捐赠

股权用于慈善事业是慈善事业发展史上一个重要的里程碑事件，这不仅为慈善事业注入新的活力，丰富了慈善机构的资金来源，也扩展了股权的用途，让股权发挥了更大的作用。在我国股权用于慈善事业历经了从禁止到允许的过程。最初我国有关法律将股权划入不被允许捐赠的标的范畴，随着实践的发展，众多股权捐赠事例的涌现，让我们看到了股权捐赠的独特功能，也推动了我国有关立法的完善。股权捐赠合法化后，也面临着一些新的问题，例如，是不是所有的股权都适宜捐赠，股权捐赠需要经过哪些程序，受赠人在接受股权捐赠成为公司股东后如何行使股东权利，股权捐赠可以享受哪些税收优惠政策？这些都是亟须研究的命题。

第一节　股权捐赠的发展基础

在我国，股权可以成为捐赠的标的是从财政部 2009 年发布的《关于企业公益性捐赠股权有关财务问题的通知》开始的，这极大地增加了慈善事业的资金来源，也扩展了股权的实际用途，让股权发挥了更大作用。股权捐赠成为慈善事业的重要一端，不仅为慈善注入了源头活水，也为许多人士投身慈善事业打开大门。但股权捐赠不是一蹴而就的，先后经历了几个阶段，在具备一定基础的前提下才逐步推进。

一、法律基础

（一）股权捐赠的禁止

为了鼓励捐赠，规范捐赠和受赠行为，保护捐赠人、受赠人和受益人的合法权益，促进公益事业的发展，我国于1999年通过了《中华人民共和国公益事业捐赠法》，本法主要适用于自然人、法人或者其他组织自愿无偿向依法成立的公益性社会团体和公益性非营利的事业单位捐赠财产并用于公益事业的。公益事业捐赠法对捐赠提出了一些基本要求，例如：捐赠应当是自愿无偿的，禁止强行或者变相摊派，不能搞名为捐赠实为营利的活动；捐赠财产的使用应当尊重捐赠人的意愿并符合公益目的，不得随便将捐赠财产挪作其他用途。此外还对捐赠财产的使用和管理、优惠措施等方面作出规定。① 可以看出，早期的公益事业捐赠法已经规定受赠人为公益性社会团体和公益性非营利的事业单位，公益性是受赠人的基本特征，这也符合将捐赠财产用于公益事业的捐赠目的。

在财政部2003年发布的《关于加强企业对外捐赠财务管理的通知》（以下简称《通知》）中，对企业对外捐赠的原则和要求是自愿无偿、权责清晰、量力而行、诚实守信。企业对外捐赠的类型包括：公益性捐赠、救济性捐赠及其他捐赠。但是《通知》规定的对外捐赠的标的范围是有限的，包括：现金、库存商品和其他物资，而企业生产经营需要的主要固定资产、持有的股权和债权、国家特准储备物资、国家财政拨款、受托代管财产、已设置担保物权的财产、权属关系不清的财产，或者变质、残损、过期报废的商品物资不得用于对外捐赠的标的。可见此《通知》并未将股权列为允许捐赠的标的。此外为了保证捐赠双方的利益，财企〔2003〕95号文件对捐赠双方的财务处理进行了严格的规定。除了对外捐赠的范围，对于捐赠途径、捐赠的原则和要求、捐赠的类型和对象、捐赠的财务处理、对外捐赠支出的确定等方面，财企〔2003〕95号文件也给出了非常细致与可操作性的规定。按照财企〔2003〕95号文件的规定，企业已经发生亏损或者由于对外捐赠将导致亏损或者影响企业正常生产经营的，除特殊情况以外，一般不能对外捐赠。②

---

① 《中华人民共和国公益事业捐赠法》第1章第4条、第5条，第4章，第5章。

② 《关于加强企业对外捐赠财务管理的通知》，财企〔2003〕95号，2003年3月14日发布。

（二）股权捐赠的放开

财政部2009年发布的文号为“财企〔2009〕213号”的《关于企业公益性捐赠股权有关财务问题的通知》中，首次就企业公益性捐赠股权的有关问题予以规定。其中明确“由自然人、非国有的法人及其他经济组织投资控股的企业，依法履行内部决策程序，由投资者审议决定后，其持有的股权可以用于公益性捐赠”。财企〔2009〕213号文件的这一规定，将《关于加强企业对外捐赠财务管理的通知》（财企〔2003〕95号）（以下简称“财企〔2003〕95号”）中规定的用于对外捐赠的财产范围延伸到了企业持有的股权（含企业产权、公司股份），这表明国家将以多种形式来鼓励企业投身慈善事业，为社会多作贡献。不过，财企〔2009〕213号文件也强调，企业以持有的股权进行公益性捐赠，应当以不影响企业债务清偿能力为前提，且受赠对象应当是依法设立的公益性社会团体和公益性非营利的事业单位。而且企业捐赠后，必须办理股权变更手续，不再对已捐赠股权行使股东权利，并不得要求受赠单位予以经济回报。此外，公益性捐赠涉及上市公司股权的，捐赠方和受赠方应当遵照《中华人民共和国证券法》及有关证券监管的其他规定，履行相关承诺和信息披露义务。[①] 该文件的出台，标志着我国股权捐赠形式合法化，虽然有关规定还是初步的，但确为股权捐赠的良好开端，意义重大。

2014年12月，国务院印发了《关于促进慈善事业健康发展的指导意见》，提出要探索捐赠知识产权收益、技术、股权、有价证券等新型捐赠形式，抓紧制定政策措施，积极推进有条件的地方开展试点。[②] 同时在民政部《关于贯彻落实〈国务院关于促进慈善事业健康发展的指导意见〉的通知》中也指出：要探索和支持形式多样的社会捐赠，通过多种方式向社会公众告知社会捐赠的方式和渠道，对捐赠知识产权收益、技术、

① 《关于企业公益性捐赠股权有关财务问题的通知》，财企〔2009〕213号，2009年10月20日发布。

② 《关于促进慈善事业健康发展的指导意见》，国发〔2014〕61号，2014年11月24日发布。

股权、有价证券等新型捐赠方式进行重点关注和深入分析，有效总结经验并上升为制度。[1] 在 2009 年明确股权可以作为捐赠标的后，推进股权捐赠试点并将经验制度化、法律化就成为当务之急，这是规范股权捐赠的基础。2016 年通过的慈善法规定捐赠财产包括货币、实物、房屋、有价证券、股权、知识产权等有形和无形财产。

面对企业家高涨的慈善热情，日趋流行的股权捐赠模式，财政部、国家税务总局于 2016 年 4 月 20 日又发布了《关于公益股权捐赠企业所得税政策问题的通知》（以下简称《通知》）（财税〔2016〕45 号文件），该《通知》的发布与执行，标志着以前高额的股权捐赠税负成本将有所降低。《通知》中明确股权捐赠行为必须是企业向中国境内公益性社会团体实施的。《通知》中有以下亮点：（1）股权捐赠视同转让，股权转让收入额以企业取得股权时的历史成本确定。此条规定突破了财税〔2008〕160 号文件关于公允价值计价的规定。企业的股权捐赠行为将不会形成股权转让收益，因此不产生企业所得税，是国家对股权捐赠行为的一项税收优惠政策。（2）受赠对象有要求。受赠对象为公益性社会团体，是指注册在中国境内，以发展公益事业为宗旨，且不以营利为目的，并经确定为具有接受捐赠税前扣除资格的基金会、慈善组织等公益性社会团体。值得注意的是，此条规定明确了受赠对象的范围，不是覆盖全部慈善组织，而只是具有捐赠税前扣除资格的慈善组织在接受企业股权捐赠时，才可享受按历史成本计价的优惠政策。（3）向境外捐赠股权不适用本规定。我国企业向境外公益性社会团体捐赠股权，不享受股权转让收入额以历史成本确定优惠，应按公允价值确定股权转让收入。（4）捐赠股权的类型。既包括上市公司股票，也包括其他企业的股权。（5）捐赠票据的开具。公益性社会团体接受股权捐赠后，应按照捐赠企业提供的股权历史成本开具捐赠票据。值得注意的是，捐赠企业在股权捐赠时要负责

---

① 《民政部关于贯彻落实〈国务院关于促进慈善事业健康发展的指导意见〉的通知》，民函〔2014〕374 号，2014 年 12 月 15 日发布。

提供股权的历史成本的相关证明材料。（6）捐赠税前扣除优惠。以捐赠股权历史成本在计算企业所得税前予以扣除。[①]

2020年颁布的《中华人民共和国民法典》合同编就赠与合同进行了规定，赠与合同是赠与人将自己的财产无偿给予受赠人、受赠人表示接受赠与的合同。赠与人在赠与财产转移之前可以撤销赠与，当受赠人严重侵害赠与人的合法权益或不履行赠与合同约定的义务时，赠与人自知道或者应当知道撤销事由之日起一年内可以行使撤销权。但不可以撤销的情形是：赠与合同经过公证，具有救灾、扶贫、助残等公益、道德义务性质的赠与合同。而且这两种不可以撤销的赠与合同在赠与人不交付赠与财产时受赠人是可以请求交付的。应当交付的赠与财产因赠与人的故意或重大过失致使毁损、灭失的，赠与人应当承担赔偿责任。慈善捐赠与一般的民事赠与还是有区别的，具体的区别在股权捐赠有其特殊之处。

以上是我国目前已经出台的有关慈善捐赠的法律法规，可以看到股权作为捐赠标的所经历的制度变化，从禁止到允许，未来还需要对有关制度加以完善。

二、经济制度基础

随着社会经济的发展程度提高，人们持有财富的形式也发生着变化，相比现金和物品，股权具有独特的优势。股权跻身捐赠标的物的行列，是有一定经济基础的。股权是有限责任公司或股份有限公司的股东所享有的人身和财产权利的集合，是一种综合性的权利，即权利束。股权捐赠名称为股权，实际上捐赠的标的是股权所指向的对象——出资份额或股份。股权和股份还是有区别的，股权是出资份额或股份所承载的权利，

① 《财政部、国家税务总局关于公益股权捐赠企业所得税政策问题的通知》，财税〔2016〕45号，2016年4月20日发布。

出资份额或股份是一种载体[①]。

（一）股权成为一种重要的财富载体

《中华人民共和国公司法》的改革降低了公司设立的门槛，一大批公司如雨后春笋般成立。公司需要拓宽融资渠道，通过发行证券的形式向广大社会群体或个人进行融资。尤其是我国，大多数的投资者都是中小投资者，人们会选择看好的公司投放资金、购买股票，以实现收入的增加。随着投资人数的增加，股权已经成为一种重要的财产形式和载体。改革开放四十多年来的发展积累了一大批高净值人群，他们的资产形式不单是以现金形式存在，而且体现在自己持有的股权中，他们想要为慈善事业作贡献，股权捐赠就是最直接便捷的方式。

（二）股权捐赠的功能视角

股权作为捐赠财产之一，较之其他形式的捐赠财产，具备其独特的功能，主要体现在以下几方面。

1. 股权的价值可能保持并增加

对于受赠的慈善组织来讲，如果捐赠人所在公司的经营状况良好，企业的股权不但能够产生持续的分红，而且随着企业规模扩大，股权价值也将不断增长。慈善组织可以通过公司股权红利、股息或变卖股权所得收入在长久时间内获得稳定的现金流，以支持慈善活动的开展。股权这一类增值潜力较大的资产形式正是慈善事业长期发展下去所需要的[②]。

2. 丰富慈善事业财产来源渠道

慈善事业在发展中遇到的问题之一就是资金不足，很多基金会的募捐活动无法顺利开展，基金会的正常运营面临很大压力。按照既往规定，捐赠标的是有限的。在股权成为捐赠标的后，由于股权具备保值增值的

① 葛伟军．股权代持的司法裁判与规范理念［J］．华东政法大学学报，2020（6）：126；葛伟军．论股权捐赠的法律规则［J］．清华法学，2014（2）：117.

② 叶龙．股权捐赠的零税负时代悄悄来临，你还不知道吧［J］．中国慈善家杂志，2017-12-26.

特性，这仿佛是为慈善事业这条河流注入了一条潺潺小溪，慈善事业资产来源渠道更加丰富多样。股权捐赠作为慈善事业的财产来源渠道之一，将增强慈善事业发展的活力。

三、社会需求基础

股权作为一种捐赠财产是有广泛的社会需求和扎实的社会基础的。

（一）预示企业发展前景良好，稳定投资者信心

企业作出股权捐赠的决策后，一般不会对企业的现金流产生直接影响。而且一经公告或媒体舆论宣传，往往会引起很大的社会关注度。这一决策也在向投资者及社会传递一种信号，即企业经营状况良好，会增强投资者的信心。参与公益事业说明企业在追求经济效益的同时勇于承担社会责任，为企业树立了良好的社会形象，赢得了良好的社会声誉和口碑，这是一种重要的无形资产，会促进企业的长远发展①。

（二）慈善事业与企业共同发展

传统观念下企业私益与慈善公益似乎处于不可调和的两面，在企业资源有限的情况下，企业对公益作出的投入会导致企业剩余可分配利润的减少。毕竟人类的利己主义会更倾向于满足私利，不愿意将可能取得的财产无偿捐赠出去。在美国有一个著名的案例，公司向普林斯顿大学作出了捐赠，一部分股东对公司捐赠合法性提出质疑，请求法院确认该笔捐赠无效，最终法院认定公司捐赠合法有效，理由是：现代公司不仅仅是为了股东或控制人而存在，更要服务于社会，承担一定的社会责任，这也有助于企业的发展②。公益事业在短期内会占用一定的企业资源，但不是对企业资源的纯粹浪费。公益与私益的关系是辩证统一的，从长远来看，助力公益事业反而会对企业利益有所帮助。股权捐赠在让企业积

---

① 孙光焰．以股权设立企业基金会：质疑与辩护［J］．中南民族大学学报（人文社会科学版），2017（5）：143.

② A. P. Smith，Mfg. Co. v. Barlow，13 N. J. 145（1953）.

极参与投身公益事业的同时，为捐赠人赢得了良好的社会声誉，创造了有利的外部条件，这是公司发展过程中不可或缺的一部分。公益与私益互相促进，公益事业与企业共同发展，这是一种良好的社会生态。

（三）企业家致力于慈善事业、创新慈善之路的需要

在国外慈善事业发展历程中，公司股权捐赠不是新鲜事物，由来已久，在现代更是成为公司参与慈善事业的常态。美国公司发展较为成熟，美国也是企业股权捐赠具有代表性的国家之一，从公司股权捐赠的奠基者洛克菲勒、卡耐基到众所周知的比尔·盖茨夫妇及沃伦·巴菲特，他们的捐赠中很大程度都采用了股权捐赠的形式。随后股权捐赠的事例也逐渐增加，这也为我国慈善事业发展开拓了新的局面。[①] 所以股权捐赠在我国的出现及发展有其必然性，这是企业家积极投身慈善事业、创新捐赠新路径的要求。

第二节　股权捐赠的发展现状

实践中的股权捐赠在慈善抵扣、设立基金会等方面还面临问题。随着慈善家慷慨解囊的实例不断涌现，股权捐赠也将继续不断向前推进。

一、我国股权捐赠的发展历程

21 世纪初，股权捐赠在我国经历了从不被允许到允许的过程，上述相关规定体现了这一重要的变化，如今股权捐赠已经成为慈善组织的重要财产来源之一，对促进慈善组织发展有着不容小觑的作用。政策与法律是应运而生的，股权捐赠正是在实践的推动下才能取得如今的发展。

“成立基金会就像打井，捐钱的话，钱花完就没了。如果有基金会，

① 戚枝淬．论公益信托视域下的股权慈善捐赠［J］．河南财经政法大学学报，2013（6）：158.

就像给人家打了一口井，今天提两桶水，明天需要时还可以再提两桶。相比现金捐助，基金会能够更稳健地做慈善。”这是曹德旺的长子曹晖对股权捐赠的一个形象比喻。我国不缺少企业家，更不缺少立志从善的企业家。以下是积极热心投身慈善事业的我国企业家们的真实写照。

（一）受赠人为（含）捐赠人成立的慈善组织的股权捐赠案例

牛根生曾将其名下的境外蒙牛股权资产全数转让给 Hengxin 信托，以贡献公益慈善事业。Hengxin 信托为不可撤销信托，该信托的受益方包括老牛基金会及与其合作过的中国红十字会总会、中国乡村发展基金会、深圳壹基金公益基金会、大自然保护协会（美国）北京代表处、内蒙古自治区慈善总会等众多公益慈善组织。另外，牛根生拥有的内蒙古蒙牛乳业（集团）股份有限公司股权此前已按照国内公司法律法规，以每年25%的比例悉数转入老牛基金会。据我国内地媒体报道，牛根生创建的“老牛专项基金”，截至 2009 年捐赠超过 4.18 亿元人民币。牛根生也被誉为“中国大陆捐股第一人”①。

无独有偶，在 2005 年，为了回报社会各界多年来的支持与关爱，杨澜也决定将其与吴征拥有的“阳光媒体投资”权益之 51%无偿捐赠给社会，并以此为基础成立“阳光文化基金会有限公司”，按照相关法律要求建立独立的信托与监事机构，该基金会主要的活动领域包括文化交流、环保和教育等方面②。

2009 年 3 月，福耀玻璃董事长曹德旺宣布，将捐出其家族所持福耀集团下辖的福耀玻璃股份公司 70%的股份，成立“河仁慈善基金会”，但曹德旺的想法在实现过程中却遇到了重重阻力。按曹德旺当初的设想，河仁慈善基金会应完全由股权捐赠设立。但根据《基金会管理条例》规定，基金会的原始资金必须为到账的货币资金，不能是股权。曹德旺最

---

① 蒙牛创始人牛根生完成捐献所有名下股权［EB/OL］.（2012-10-19）［2021-02-15］. http：//www. zqcn. com. cn/html/qiye/shangshigongsi_ 20121019_ 406716. html.

② 杨澜决定捐赠“阳光媒体投资”51%资产［EB/OL］.（2005-07-04）［2021-02-16］. http：//www. qingdaonews. com/content/2005-07/04/content_ 4998083. htm.

后采用了先出资 2000 万元现金成立河仁慈善基金会，再捐出股权的“曲线”捐赠形式。由于要避免触发上市公司要约收购的规定，曹德旺的预计股权捐赠数额也从福耀玻璃股份公司 70%的股份（预计 7 亿股），降低到 59%（实际为 5.9 亿股），由此避免福耀玻璃控制权转移引起资本市场波动和影响公司正常经营。最终，曹德旺捐赠了 3 亿股福耀股份，以过户当日福耀玻璃收盘价计算，股票市值达到 35.49 亿元。2011 年 4 月 12 日福耀玻璃发布上市公司公告，公司第一大股东三益发展有限公司、第二大股东福建省耀华工业村开发有限公司与河仁慈善基金会签署了《捐赠协议书》，三益发展将其持有的公司 5991 万股捐赠给河仁基金会，占福耀玻璃总股本的 2.99%；耀华工业村将其持有的 2.4 亿股捐赠给河仁慈善基金会，占福耀玻璃总股本的 11.99%。至此，曹德旺正式将家族持有的 3 亿股福耀玻璃股权捐赠给旗下的河仁慈善基金会，占福耀玻璃总股本的 14.98%，并于当年 4 月 14 日完成了过户手续。此举也使得 A 股诞生了首家由上市公司股权设立的慈善基金会，曹德旺首开我国捐赠股权设立慈善基金的先河。河仁慈善基金会的建立对整个公益事业起到非常大的推动作用，也将促进相关法规政策的建立①。

2009 年 10 月 19 日，新华都实业集团股份有限公司董事长陈发树以个人出资的形式成立“新华都慈善基金”，捐赠股票市值约为 80 亿元人民币，占到陈发树个人所持有股份的 90%左右。“新华都慈善基金”的资金形式全部为陈发树个人所持有的流通股股票。该基金将借鉴“盖茨基金”的运作模式，基金完全属于公益性质，与新华都集团之间没有任何关系，并由专门的团队负责管理运作，在主要独立运行的前提下，也会与中国宋庆龄基金会等其他基金会进行合作②。

2014 年 4 月 24 日，阿里巴巴集团控股有限公司称，集团创始人马云

① 叶龙．股权捐赠的零税负时代悄悄来临，你还不知道吧［J］．中国慈善家杂志，2017-12-26.

② 陈发树捐出九成个人股份，80 亿打造中国盖茨基金［EB/OL］．（2009-10-20）［2021-02-20］．https：//finance. sina. com. cn/stock/t/20091020/08573084762. shtml.

和蔡崇信将以个人持有的集团股期权成立慈善公益信托基金，基金规模达到集团总股本的2%。[①]《2014年度中国慈善捐助报告》显示，马云和蔡崇信捐赠阿里巴巴2%的股权成立个人公益信托基金，按其当时股价计算，捐赠金额达245亿元，成为我国有史以来最大单笔捐赠，基金主要用于环境、医疗和教育三大方面[②]。之后，马云和蔡崇信共同捐赠价值370亿元的股票，未来总投入可以达到600亿元[③]。

2016年4月18日，腾讯计算机系统有限公司董事会主席兼首席执行官马化腾宣布，将捐出1亿股腾讯股票注入正在筹建中的公益慈善基金。按照腾讯控股当天收盘价估算，1亿股的价值约165.7亿港元（约合140亿元人民币）[④]。此外，腾讯主要创始人陈一丹再次捐赠腾讯股票，价值超过40亿港元，该款项已经完成捐赠流程并成立慈善信托。据介绍，该笔捐赠将主要用于全球优质教育项目和我国教育发展[⑤]。

（二）受赠人非（不含）捐赠人成立的慈善组织的股权捐赠案例

2006年，国泰航空有限公司（以下简称“国泰航空”）宣布捐出其在中航兴业有限公司持有的6470万股股份予71家在香港、内地及亚洲其他地区的慈善机构。受惠的71家慈善机构包括64家在香港、6家在内地及1家在亚洲其他地区，服务对象非常广泛。根据香港收购及合并守则，国泰航空将其持有的中航兴业股份捐赠予慈善组织之后，不可就中航兴业再行使其投票权，可见此次捐赠是国泰航空对其持有股权的彻底捐赠，包括收益权及表决权[⑥]。

---

① 福布斯中文网［EB/OL］.（2014-04-29）［2021-02-09］. http：//simu. jrj. com. cn/2014/04/29105017128705. shtml.

② 金投网［EB/OL］.（2015-09-20）［2021-03-09］. https：//kuaixun. cngold. org/c/2015-09-20/c231281. html.

③ 网易新闻网［EB/OL］.［2021-03-09］. https：//www. 163. com/dy/article/EBK4AGJT0511JD6S. html.

④ 第一财经网［EB/OL］.［2021-03-09］. https：//www. yicai. com/news/5004740. html.

⑤ 搜狐网［EB/OL］.［2021-03-09］. https：//www. sohu. com/a/315148109_ 114774.

⑥ 国泰将其中航6470万股份捐赠给71家慈善机构［EB/OL］.（2006-10-24）［2021-02-16］. https：//business. sohu. com/20061024/n254040319. shtml.

2016 年 1 月 15 日上午，私募机构上海欧擎欣锦创业投资有限公司向上海市慈善基金会捐赠贝格数据 5%的股权。中共上海市委机关报《解放日报》称这一举动是"上海市慈善基金会以国务院《关于促进慈善事业健康发展的指导意见》为指导，在探索股权捐赠的实践中成功迈出的第一步"。这次股权捐赠的具体运作方式是：贝格数据所有股东放弃股权的优先收购权，上海市慈善基金会再以 1 元价格购入股份，变相实现股权捐赠。据欧擎欣锦董事长朱阳介绍，根据当时贝格数据增资议案测算，贝格数据估值超过 3 亿元，捐赠的 5%股权估值 1650 万元左右。对于受赠人上海市慈善基金会来说，此次获赠贝格数据股权，最直接受益之处是，可以收到因股权带来的现金分红及资产升值而又持续、稳定的善款。基金会常务副理事长施德容认为，这一尝试是上海慈善事业可持续发展的探索。

以上事例表明，股权捐赠已经成为企业家致力于公益事业的选择。但有的捐赠人将股权捐赠给自己成立的慈善组织，有的捐赠人选择了更为广泛的受赠人。这些企业家的捐赠行为在助力慈善事业发展的同时，也推动了相关法律制度不断发展。从众多事例中也可以总结出股权捐赠的一些特性。

二、股权捐赠的特征

股权捐赠作为慈善捐赠的一种特殊形式，具有以下鲜明特点。

（一）捐赠标的的特殊性

1. 股权是一种复合权利①

股权作为捐赠标的，具有与其他捐赠标的不同的特征，其特殊性之一体现在：其他捐赠标的主要是不同类型的财产，如现金、实物等，动产交付、不动产登记的程序标志着所有权的移转，物的归属发生变化，所有权人对标的享有的权利主要是一种财产性利益。股权则有所不同，

① 葛伟军．股权让与担保的内外关系与权利界分［J］．财经法学，2020（6）．

在受赠人受赠股权成为新的股东后，除了享有通常意义上的分红权、剩余财产分配请求权、异议股东回购请求权等财产性权利外，还享有表决权、查阅公司文件资料、知情权、提起派生诉讼等作为股东所享有的非财产性质的权利。捐赠人捐赠股权后，非财产性质的权利随财产性质的权利一并移转，受赠人作为新股东即享有这些权利。股权兼具财产与身份、自益与共益的复合性质，这是其不同于其他捐赠标的的独特属性。

2. 股权价值的特殊性

其他捐赠标的的价值尽管也处于变动之中，但一般不会出现太大波动。但股权作为财产的一种载体和表现形式，其价值会受到诸多不确定因素的影响，企业经营状况就是影响因素之一，随公司经营状况的好坏，股价可能会出现较大幅度的上升或下降。这种价值的不确定性对股权捐赠的评估提出了很高要求，可能也会对慈善事业的开展造成影响。

3. 股权的“转让”

股权的“转让”是指股权的所有权或控制权的转移，该转移不仅仅是名义上的更是实际上的。如果受赠人虽名义上接受了股权捐赠，但却为捐赠人、受赠人或债权人的利益在股权上设立担保，或股权仍处于捐赠人的实际控制之下，这种“转让”就仅仅是名义上的而不是实质上的，股权没有转让，股权捐赠并未完成①。货币占有即所有，物资一般通过交付或登记的手续就可以移转所有权，但股权即使完成变更登记，其控制权可能并未被转移，这是股权不同于其他捐赠物的显著特征。

（二）捐赠程序的特殊性

如前所述，按照2009年财政部发布的《关于企业公益性捐赠股权有关财务问题的通知》来看，需要依法履行内部决策程序，由投资者审议决定后，股权才可以作为捐赠标的。该规定将股权捐赠的决策权交给投资者，内部机构决策程序可能并不能起到决定性作用。公司处置资产这

---

① 葛伟军．论股权捐赠的法律规则［J］．清华法学，2014（2）．

一事项时优先章程规定，但章程没有规定时，决定权是董事会还是股东会/股东大会，可能与股东会中心主义或董事会中心主义这一公司法重要理论问题有关。有学者认为，捐赠决定权不是绝对的，需要结合公司的性质以及公司捐赠的重要性等因素综合考虑，有限责任公司通常由董事会决定，但股份有限公司情况有所不同。在股份公司中，捐赠作为日常业务一般可以由董事会决定，但是在大额捐赠甚至导致公司结构变化时适宜由股东大会决定[①]。

如果将股权捐赠视为股权转让，对于有限责任公司来说，股权捐赠可以参照公司法关于股权转让的规定，除非章程另有规定，捐赠人将其持有的股权捐赠给公司外部的人，应当将股权捐赠事项书面通知其他股东，获得其他股东过半数同意，其他股东自接到通知之日起满三十日未答复的，视作同意该笔捐赠；如果其他股东半数以上不同意捐赠，不同意的股东应购买待捐赠的股权，捐赠人便可以将出卖股权所得收入用于捐赠；不同意也不购买的则视为同意捐赠。但对于股份有限公司来说，原则上资本自由流通、股权自由转让，但部分成员在进行股权捐赠事项上可能会受到限制。

（三）部分捐赠主体与数额受限

如果按照2016年《关于公益股权捐赠企业所得税政策问题的通知》的最新规定，将股权捐赠视同股权转让，部分捐赠人会受到限制。如，《中华人民共和国公司法》第一百四十一条第一款规定“发起人持有的本公司股份，自公司成立之日起一年内不得转让。公司公开发行股份前已发行的股份，自公司股票在证券交易所上市交易之日起一年内不得转让”。第二款规定“公司董事、监事、高级管理人员应当向公司申报所持有的本公司的股份及其变动情况，在任职期间每年转让的股份不得超过其所持有本公司股份总数的百分之二十五；所持本公司股份自公司股票

① 葛伟军．论股权捐赠的法律规则［J］．清华法学，2014（2）：120.

上市交易之日起一年内不得转让。上述人员离职后半年内，不得转让其所持有的本公司股份。公司章程可以对公司董事、监事、高级管理人员转让其所持有的本公司股份作出其他限制性规定”。

除此之外，上市公司股份捐赠还要符合《中华人民共和国证券法》以及证监会、证券交易所发布的关于上市公司股票交易等有关规定。例如：《中华人民共和国证券法》第六十五条第一款规定“通过证券交易所的证券交易，投资者持有或者通过协议、其他安排与他人共同持有一个上市公司已发行的有表决权股份达到百分之三十时，继续进行收购的，应当依法向该上市公司所有股东发出收购上市公司全部或者部分股份的要约”。如果捐赠人捐赠上市公司的股份使得受赠人因此持有的该上市公司的股份超过30%，受赠人有可能继续受赠的，并且无法获得要约收购的豁免，此时有可能触发受赠人的要约收购义务。在曹德旺向“河仁慈善基金会”捐赠股权时最初就曾面临这一问题，为此曹德旺减少了股权捐赠比例，才得以避免要约收购的烦琐程序。

第三节　股权捐赠涉及要点

一、捐赠客体：捐赠标的及其价值的确定

（一）适宜成为捐赠标的的股权种类

法律已经明确股权此种非货币性资产可以作为捐赠标的，是否所有的股权都适宜成为捐赠标的是需要进一步考虑的问题，对此现行法律并没有作出直接规定。如果不能明确划定适宜捐赠的股权种类，势必有一些不适合捐赠的股权流入慈善领域，这不仅关乎捐赠行为的效力以及股权捐赠程序的完成，更会影响公益事业的顺利开展。

（二）股权价值的不确定性

股权作为捐赠标的的另一个问题是，股权的价值存在很大不确定性。

相比其他捐赠标的，股权的价值波动是比较明显的，与公司的经营状况、商业模式、财务现状及发展前景密切相关，这些因素往往难以被量化。公司经营状况良好时，股权价值上升，经营状况恶化时，股权价值降低。对公司发展前景的不同预期也会导致股权价值出现差异。上市公司的股票流通性强，股票价值通过证券市场上的交易情况可以被反映，股权价值容易计量，但在交易中股票的价值也是瞬息万变。而对于缺乏公开交易市场的非上市公司股权，股权价值不能直观体现出来，需要进一步的估值。股权价值高低与捐赠数额的确定有关，而且捐赠股权的价值会影响到税收抵扣。对股权价值的合理评估是必不可少的，其中评估时点和评估方式是重要因素。

二、捐赠主体要点梳理

（一）捐赠方关注要点

1. 捐赠前，捐赠人出资义务是否履行完毕

在公司法改革实行认缴制以后，很多公司股东处于认而未缴的状态。在进行股权捐赠时，捐赠人已经履行完毕出资义务、实际缴纳出资是最理想的状态。但可能出现捐赠人未履行或未完全履行出资义务的情形，即使捐赠人已经被记载于股东名册成为公司名义上的股东，没有完全履行出资义务就不能享有完整的股权。此时捐赠人是否可以将股权进行捐赠，是否必须实际履行出资义务才可以再行捐赠，是否能通过内部决策程序？如果可以捐赠，对受赠人会有怎样的影响？

2. 捐赠中，股权捐赠的决策程序

股权捐赠需要履行一定的程序，主要是公司内部的决策程序以及外部的工商变更登记手续。按照财政部的要求，依法履行内部决策程序，由投资者审议决定后，股权才可以用于对外捐赠。这里的内部决策程序是指股东（大）会还是董事会决定？如果是董事会决策，还要经过投资者审议；若为股东（大）会决策，投资者审议就显得重复多余。归根究

底，还是现行公司法没有明确股权捐赠事项的决策权归属，没有对公司捐赠事项属于股东（大）会还是董事会决议作出规定。

3. 捐赠后，关联交易风险

股权捐赠的受赠对象是依法设立的公益性社会团体和公益性非营利的事业单位，捐赠人可能将股权捐赠给一般的公益性组织，也可能将股权捐赠给自己设立的慈善基金会，如曹德旺就曾将股权捐赠给自己设立的"河仁慈善基金会"，杨澜、牛根生、黄铮等都是如此，可见捐赠人将股权捐赠给自己设立的慈善基金会在实务中是比较普遍的。因为基金会是非营利组织，作为公司股东经验不足，捐赠人可能会担任基金会理事。虽然《基金会管理条例》第二十三条规定："基金会理事遇有个人利益与基金会利益关联时，不可参与相关事务的决策。"但在捐赠人同时是公司的大股东或控股股东和基金会的管理层的情况下，捐赠人可能在公司与基金会之间进行交易，此种情况下会存在关联交易的风险，不仅会损害公司的利益，而且也会影响慈善组织开展公益事业[①]。

（二）受赠人相关问题

1. 受赠人成为公司股东后的权利义务

股权捐赠手续完成后，受赠的基金会就成为公司的股东，基金会是否具有一般股东的权利和义务，继而应该如何行使股东权利和履行义务呢？基金会的权利义务较之一般的股东是否有区别？[②] 现行规定主要是针对捐赠人作出的，"必须办理股权变更手续，不再对已捐赠股权行使股东权利"。缺乏对受赠人的相关规定，受赠人通常是一个基金会，基金会作为一个组织，不能由其直接行使股东权利，可以由哪个主体来代为行使呢？是基金会的内部管理人员还是捐赠人？由于受赠人主要从事慈善事

① 董慧凝，赵伟．论我国上市公司公益性股权捐赠关联交易的监管［J］．商业时代，2013（4）．

② 赵曙明，白晓明，赵宜萱，吴婷．中国企业家慈善捐赠行为模式及现状研究［J］．南京社会科学，2015（1）．

业，将捐赠物资用于慈善事业，行使股东权利及履行股东义务不是受赠人熟悉的领域，但这的确是受赠人在接受股权捐赠、成为公司股东后需要考虑的问题。

2. 受赠人对受赠股权的管理及处置

受赠人接受股权捐赠后，股权的价值不是一成不变的，会受诸多因素影响，可能会出现股权不能直接被用于公益事业的情况。受赠人不是专门的股权管理机构，行使股东权利不是其受赠股权的直接目的，更多的关注点在于股权的分红和股息。在受赠人接受股权捐赠后，为了更好地开展公益事业，如何对受赠股权进行管理，如何使用这笔受赠财产，以及在必要时是否可以将股权再行处置？

3. 容易受到捐赠人的控制

财政部“财企〔2009〕213号文件”规定：企业捐赠后，必须办理股权变更手续，不再对已捐赠股权行使股东权利，并不得要求受赠单位予以经济回报。但实践中捐赠人在捐赠股权后难以“全身而退”，尤其是捐赠人将股权捐赠给自己设立的公益组织时更是如此。捐赠人往往名义上已经将股权捐赠给受赠人，实际上却还保持对股权的控制，进而影响基金会的运作，这就不可避免地对基金会权利行使、日常运营产生影响。

财政部2009年发布的《关于企业公益性捐赠股权有关财务问题的通知》中规定，“公益性捐赠涉及上市公司股权的，捐赠方和受赠方应当遵照证券法及有关证券监管的其他规定，履行相关承诺和信息披露义务”。[①] 这是目前法律关于捐赠信息披露的规定，主要是针对上市公司股权捐赠，涉及捐赠人与受赠人双方。中国证监会2007年通过的《上市公司信息披露管理办法》，对上市公司招股说明书、募集说明书、上市公告书、定期报告（年度报告、中期报告以及季度报告）、临时报告等作出了具体规定，关于定期报告规定“凡是对投资者作出投资决策有重大影响的信息，

① 《财政部关于企业公益性捐赠股权有关财务问题的通知》，财企〔2009〕213号，2009年10月20日发布。

均应当披露”。临时报告的披露指“发生可能对上市公司证券及其衍生品种交易价格产生较大影响的重大事件，投资者尚未得知时，上市公司应当立即披露，说明事件的起因、目前的状态和可能产生的影响”。[①] 在“重大事件”的列举中就包括：持有公司5%以上股份的股东或者实际控制人，其持有股份或者控制公司的情况发生较大变化。然而，此处没有规定股权捐赠是否属于“对投资者作出决策有重大影响的信息”或“对上市公司证券及其衍生品种交易价格产生较大影响的重大事件”。此外持有公司5%以上股份的股东的持股情况发生较大变化，“较大变化”的情况可能是哪些；股权捐赠是否属于“较大变化”，持股5%的变化是一次还是多次捐赠；多次捐赠是否要累计计算捐赠比例。这些细节问题都没有明确。

除此之外，《公益慈善捐助信息公开指引》（以下简称《指引》）适用的信息公开主体是公益慈善类的社会团体、基金会和社会服务机构（民办非企业单位），可见此《指引》主要适用于受赠人。公益慈善捐助信息是指信息公开主体与公益慈善活动相关的捐赠款物的募集、接受、使用和审计等信息。《指引》制定的目的是为了增强慈善捐助信息的透明度，提高公益慈善组织的社会公信力，引导公益慈善资源的有效使用，推动慈善事业持续健康发展。信息公开主体规范公开公益慈善捐助信息，可以满足社会捐助管理机关和社会公众对信息公开工作的要求，保障捐赠人和社会公众的知情权、监督权等合法权益[②]。

慈善捐赠的信息披露不仅关乎捐赠人和受赠人，也与社会公众息息相关，无疑信息披露是非常必要的。如果公司参与捐赠，慈善捐赠信息是否属于股东或债权人知情权范围？股东或债权人是否对有关信息具有查阅权？受赠人受赠股权后的信息披露也是需要关注的问题，具体公开信息的内容也是需要进一步确定的。

---

① 《上市公司信息披露管理办法》，中国证券监督管理委员会令（第40号），2007年1月30日发布。

② 《民政部公益慈善捐助信息公开指引》，2011年12月16日发布。

三、税收政策问题

（一）捐赠人与受赠人可以享受的税收优惠

1. 企业捐赠涉及的企业所得税

根据国家税务总局《关于企业处置资产所得税处理问题的通知》第二条规定，企业将资产用于对外捐赠，因资产所有权属已发生改变而不属于内部处置资产，应按规定视同销售确定收入。根据国家税务总局《关于贯彻落实企业所得税法若干税收问题的通知》（国税函〔2010〕79号）第三条规定可知，企业转让股权收入应于转让协议生效，且完成股权变更手续时，确认收入的实现。股权转让所得为转让股权收入扣除为取得该股权所发生的成本。几经沟通后，财政部和国家税务总局根据国务院的批示，对曹德旺的股权捐赠专门下发了一个通知，允许曹德旺不必立即缴纳税款，在基金会设立后5年内缴齐税款。2009年，“福建首富”陈发树也是如此，当他决定创建福建新华都慈善基金会（现已更名“福建省发树慈善基金会”）并捐赠股权时，却面临高税收这一大难题，成为他慈善之路上的拦路虎，基金会不得不与政府有关部门协调以求减免或降低纳税额度①。不得不承认，当时的股权捐赠视同销售的规定，让想做慈善的企业家们付出了高额的税收成本，在一定程度上影响了股权捐赠的积极性。股权捐赠不能有效实现，也会影响到公益慈善、公益信托、投资活动的有效开展，公益组织也就丧失了持续发展的动力。有关人士指出：因为税收管理体制，特大数额的股权捐赠实现起来有困难，这让许多有意捐赠股权的慈善家为此困惑②。

根据2007年的《企业所得税法实施条例》第二十五条规定：企业发生非货币性资产交换，以及将货物、财产、劳务用于捐赠、偿债等用途的，应当视同销售货物、转让财产或者提供劳务。国税函〔2008〕828

---

① 韩雨亭．谁为陈发树们解套［N］．经济观察报，2012-6-25：043.

② 王振耀．我国公益慈善事业的转型与挑战［N］．人民日报，2013-5-12：005.

号《关于企业处置资产所得税处理问题的通知》第二条规定：企业将资产用于对外捐赠等移送他人的情形，应按规定视同销售确定收入。实践中，捐赠人捐赠的股权多为原始股权或取得时价值低，而捐赠时股权价值高于取得时的价值，股权捐赠的增值额大，按照上述规定，捐赠人需要面临高额的税款。

2007年的《中华人民共和国企业所得税法》第九条规定：企业发生的公益性捐赠支出，在年度利润总额12%以内的部分，准予在计算应纳税所得额时扣除。《企业所得税法实施条例》第五十三条也作了同样的规定。之后在2013年2月，国务院就批转了国家发改委、财政部、人社部制定的《关于深化收入分配制度改革的若干意见》，其中第二十条指出：落实并完善慈善捐赠税收优惠政策，对企业公益性捐赠支出超过年度利润总额12%的部分，允许结转以后年度扣除。2017年企业所得税法经过修改，第九条的规定有所变化，"超过年度利润总额12%的部分，准予结转以后三年内在计算应纳税所得额时扣除"。这次修改规定了结转扣除，将2013年的税收政策规定落到了实处。结转扣除的规定对捐赠的企业来说无疑是一件利好的事情。

企事业单位、社会团体和个人等社会力量，通过非营利性的社会团体和国家机关进行公益性捐赠，在缴纳企业所得税时，有的是可以全额在当年应纳税所得额中扣除的，而且面向企事业单位、社会团体、个人等多类型的捐赠人，没有限制捐赠标的物种类，股权捐赠也可以被涵盖其中，但需要通过非营利性的社会团体和国家机关来进行捐赠①。

如前所述，财政部、国家税务总局于2016年4月20日发布了《关于公益股权捐赠企业所得税政策问题的通知》（财税〔2016〕45号文件），《通知》同样将股权捐赠视同转让，不同的是股权转让收入额以企业取得股权时的历史成本确定，此条规定突破了财税〔2008〕160号文件关于公允价值计价的规定。股权转让所得还是按照转让股权收入扣除为取得

---

① 樊其国．疫情防控下企业捐赠税前扣除事项分析［J］．注册税务师，2020（3）：55.

该股权时所发生的成本来计算的话，此时的股权转让所得为企业取得股权时的历史成本减去取得该股权所发生的成本，股权转让所得为零。由此股权捐赠行为将不会形成股权转让收益，不会产生企业所得税，是对股权捐赠行为的一项税收优惠政策，可以起到鼓励企业捐赠的作用。

疫情之下，为了鼓励企业支持疫情防控工作，各地出台了一系列捐赠的优惠政策。其中《湖北省防控新型冠状病毒感染肺炎疫情财税支持政策》第五条明确，企业通过公益性社会组织或者县级以上（含县级）人民政府及其组成部门和直属机构，用于包括支持疫情防控在内的符合法律规定的慈善活动、公益事业的捐赠支出，在年度利润总额12%以内的部分，准予在计算应纳税所得额时扣除，超过年度利润总额12%的部分，准予结转至以后三年内在计算应纳税所得额时扣除①。

《关于企业扶贫捐赠所得税税前扣除政策的公告》（财政部 税务总局 国务院扶贫办公告2019年第49号）规定，自2019年1月1日至2022年12月31日，企业通过公益性社会组织或者县级（含县级）以上人民政府及其组成部门和直属机构，用于目标脱贫地区的扶贫捐赠支出，准予在计算企业所得税应纳税所得额时据实扣除。这也是为了响应国家的脱贫攻坚战略方针作出的规定。

2. 个人捐赠涉及的个人所得税

《中华人民共和国个人所得税法》第六条第三款规定：个人将其所得对教育、扶贫、济困等公益慈善事业进行捐赠，捐赠额未超过纳税人申报的应纳税所得额百分之三十的部分，可以从其应纳税所得额中扣除；国务院规定对公益慈善事业捐赠实行全额税前扣除的，从其规定。《个人所得税法实施条例》又进一步明确，个人将其所得对教育、扶贫、济困等公益慈善事业进行捐赠，是指个人将其所得通过我国境内的公益性社会组织、国家机关向教育、扶贫、济困等公益慈善事业的捐赠；所称应纳税所得额，是指计算扣除捐赠额之前的应纳税所得额。可见，个人的捐赠行为必须通过

① 樊其国．疫情防控下企业捐赠税前扣除政策梳理［J］．税政类·税政解析，2020（8）．

我国境内的公益性社会组织、国家机关进行才可以享受扣除，而且个人税前扣除额基数为应纳税所得额，税前扣除期限为当年，不可结转扣除。

个人所得税法规定的税前扣除方式包括比例扣除、全额扣除、不允许扣除三种。其中全额扣除只针对特定的慈善领域和慈善组织。比例扣除是指对教育等公益慈善事业的捐赠，在不超过应纳税所得额30%的部分可以税前扣除；捐赠额大于等于应纳税所得额30%的，只能按应纳税所得额30%扣除；如果捐赠额小于扣除限额的，按照实际捐赠数额扣除。不允许扣除的情形有：捐赠人直接向受益人的公益性捐赠；超过国家允许扣除的比例的间接捐赠；不具有公益性质的捐赠。

3. 受赠人可以享受的税收优惠

企业所得税法第二十六条规定“符合条件的非营利组织的收入”为免税收入，《企业所得税法实施条例》第八十四条是对“符合条件的非营利组织”的具体要求，其中的要求之一是必须从事公益性或者非营利性活动。正如《企业所得税法实施条例》第八十五条规定的：除非国务院财政、税务主管部门另有规定，符合条件的非营利组织的收入不包括非营利组织从事营利性活动取得的收入。此外，财政部、国家税务总局《关于非营利组织企业所得税免税收入问题的通知》划定了非营利组织免税收入的范围，其中之一就是接受其他单位或者个人捐赠的收入①。

在财政部、税务总局2018年发布的一则通知里规定了“符合条件的非营利组织”需要满足的条件、程序、资格认定等事项②。根据通知可知，符合条件的非营利组织必须向所在地税务主管机关提出免税资格申请，提供相关材料。财政、税务部门按照管理权限，对非营利组织享受免税的资格联合进行审核确认，并定期予以公布。非营利组织通过审核获得的免税资格并不是永久的，有效期限是5年，在免税优惠资格期满

① 《财政部、国家税务总局关于非营利组织企业所得税免税收入问题的通知》，财税〔2009〕122号，2009年11月11日发布。

② 《财政部、税务总局关于非营利组织免税资格认定管理有关问题的通知》，财税〔2018〕13号，2018年2月7日发布［已废止］。

后6个月内需要提出复审申请，不提出复审申请或复审不合格的，其享受免税优惠的资格到期自动失效。

（二）相关规定分析

1. 可以享受税前扣除的范围窄、门槛高、要求严格

一方面，不是向所有的公益慈善领域进行捐赠都可以享受税前扣除，可以享受税前扣除的范围主要有教育、扶贫、济困等公益事业和对受灾地区的捐赠，而缺乏对公共基础设施、环境保护、医疗卫生等方面捐赠可享受税前扣除的规定。

另一方面，关于个人捐赠途径，我国财税〔2019〕99号文件第1条规定，个人只能通过县级以上国家机关和境内的公益性组织捐赠，这意味着个人要想获得捐赠扣除需要通过间接捐赠的方式。间接捐赠中的国家机关是指县级以上人民政府及其部门，境内的公益性组织是指享有税前扣除资格的组织，包括慈善组织、群众团体和其他社会组织。公益性组织应当符合以下条件：（1）必须以公益性为活动目的；（2）在提交申请日的前三年没有被行政处罚的记录；（3）在民政部门注册登记的时间超过三年，净资产大于等于注册登记时的流动资金额，在提交申请的前三年内，在公益活动方面的支出超过上一年度收入的百分之七十，并且超过当年支出的百分之五十。此外，慈善组织是否最终享有扣除资格还要看其登记时间长短和民政部对该慈善组织的评估结果。公益性社会团体的公益性捐赠税前扣除资格还要实行年度审核并公告。直接捐赠可以获得税前扣除的唯一例外规定是：财税〔2020〕9号文件中规定，个人向承担新型冠状病毒感染的肺炎疫情任务的医院捐赠物品，可以凭借医院开具的接收函申请税前扣除，这主要是为了鼓励个人对于新型冠状病毒感染的肺炎疫情的捐赠。

再次，可以享受税前扣除资格的慈善组织数量有限，我国在慈善组织注册登记、管理审核方面控制严格，导致慈善组织获得税前扣除资格困难。虽然2016年发布的《关于公益股权捐赠企业所得税政策问题的通

知》将企业取得股权时的历史成本作为确定股权转让收入额的依据，但这一优惠规定是有限制的，对受赠对象提出了要求，并不是覆盖全部慈善组织，必须是经确定为具有接受捐赠税前扣除资格的基金会、慈善组织等公益性社会团体，才可享受按历史成本计价的优惠政策。如果是为了防止企业通过非营利组织偷逃税款，设置较高的门槛是必要的，但条件过于严苛会将大批真正有慈善之心的基金会拒之门外，抑制公益组织投身慈善事业的热情。

2. 计算税前扣除的基数小、比例低

我国在税前扣除基数的设置方面也不尽合理。按照《中华人民共和国企业所得税法》的规定，捐赠人捐赠股权的情况下，可以享受的慈善抵扣的额度与年度利润总额有关。在股权捐赠总额高但企业年度利润少时，很显然捐赠总额高的主体不能充分地享受税前扣除优惠①。个人所得税在税前扣除方面，以应纳税所得额为扣除基数，应纳税所得额是扣除各种费用、成本、特许扣除和附加扣除后的余额，相比综合所得额而言，应纳税所得额的基数是小的，这就会导致捐赠人可以享受的税前扣除额度小。我国台湾地区的扣除基数是综合所得总额，基数大使得纳税人的税前扣除额更大，可享受的税收优惠力度更大。

我国的税前扣除大部分为比例扣除，规定是不超过应纳税所得额30%的部分可以税前扣除，美国的扣除比例为调整后毛所得的50%，相比之下我国的扣除比例偏低。② 另外，我国在个人捐赠的情况下没有规定扣除的结转年限，《个人所得税法实施条例》规定：超过个人应纳税所得额30%的部分不能向后结转扣除。美国和德国在个人捐赠方面都规定超过扣除限额部分可以向后结转。扣除比例低、无结转扣除，这无疑会增加个人的捐赠成本，不利于鼓励个人捐赠。

---

① 朱大旗．完善股权与不动产公益性捐赠税收优惠制度［J］．中国民政，2016（4）．

② 赵海益，史玉峰．我国公益性捐赠所得税优惠政策研究［J］．税务研究，2017（10）．

3. 非货币性捐赠估值规定不够完善

财税〔2019〕99 号文中规定，个人捐赠股权的按照个人所持有财产原值确定捐赠金额。国税总局在 2014 年发布的《股权转让所得个人所得税管理办法（试行）》中有股权原值的多种确定方法，其中通过无偿让渡方式取得股权的，具备本办法第十三条第二项所列情形的，按取得股权发生的合理税费与原持有人的股权原值之和确认股权原值。《财政部、国家税务总局关于公益股权捐赠企业所得税政策问题的通知》中将股权捐赠视同股权转让，捐赠额以及税额扣除以股权的历史成本为依据。可见，在个人与企业股权捐赠额的确定上存在不同。而且公司的股权价值是会发生变动的，尤其是上市公司股票的价值更是会受诸多因素影响出现变动，将上市公司股票和非上市公司股票按同样的标准确定捐赠金额不尽合理。而且估值时点的确定也是需要考虑的问题。

4. 其他限制性规定

此外，符合条件的非营利组织条件之一是要从事公益性或非营利性活动，否则其收入仍不可享受税收优惠政策。非营利组织从事营利行为取得的收入是否要征税，是一个有争议的话题。有学者认为，税法不应将目光局限于非营利组织取得收入的渠道，更应关注这些资产的用途是否真正符合非营利组织设立的初衷。根据《中华人民共和国民法典》对营利法人和非营利法人的有关规定，基金会就是一种典型的非营利法人。非营利组织从事营利性活动也是增加资金、更好开展公益活动的一种途径。即使非营利组织从事了营利活动，在取得收入后并没有用于分配，而是投入公益事业，就没有违背其宗旨，对于这部分营利收入仍征收 25%的企业所得税显得不合情理。

5. 税务管理体制复杂

一方面，捐赠后的扣除程序复杂，捐赠者申请税前扣除的前提是取得捐赠票据，如果是股权捐赠，还需要提供股权原值证明。税务部门要对提交材料进行审批，只有符合条件的才可以进行税前扣除，整个程序是复杂的，会花费捐赠人和税务部门很长时间。另一方面，可能由于每个省份的捐赠票据格式不统一，捐赠人获得的捐赠票据不能跨区域扣除。①

第四节 股权捐赠发展的制度建设

本节针对上述问题提出一些相应建议，期冀可以助益股权捐赠事业的后续发展，在为慈善组织更好开展慈善活动的同时，也为富有爱心的捐赠人致力于慈善事业提供便捷之道。

一、明确捐赠标的

（一）明确可以成为捐赠标的的股权类型

这方面可以参考法律关于“抵押权”的规定，《中华人民共和国民法典》在抵押权部分分别规定了可以抵押的财产与不得抵押的财产，像为公益目的成立的非营利法人的教育设施、医疗卫生设施和其他公益设施，所有权、使用权不明或者有争议的财产都属于法律规定不得抵押的财产。② 在一起股权纠纷案件中，黄××将兴建的娱乐城30%收益交由原金华市某局代管，之后原金华市某局在未征得黄××同意的情况下，将其名下股权捐赠给某基金会，黄××与原金华市某局就股权事宜产生纠纷，要求法院确权并要求对方支付股息与分红、返还退股金等。这是一起股权代管人在未经实际持有人同意的情况下将股权进行捐赠的案例，受赠人很难发现这样的情况，一旦出现纠纷不利于慈善活动的顺利开展，难以实

---

① 打破公募基金会的公益限制［EB/OL］.（2011-01-01）［2021-06-08］. http://mzj.sz.gov.cn/cn/xxgk_mz/mtgz/201101/t20110112_8266783.htm.

② 《中华人民共和国民法典》第十七章第三百九十九条“下列财产不得抵押：（一）土地所有权；（二）宅基地、自留地、自留山等集体所有土地的使用权，但是法律规定可以抵押的除外；（三）学校、幼儿园、医疗机构等为公益目的成立的非营利法人的教育设施、医疗卫生设施和其他公益设施；（四）所有权、使用权不明或者有争议的财产；（五）依法被查封、扣押、监管的财产；（六）法律、行政法规规定不得抵押的其他财产”。

现股权捐赠的目的①。所以并非所有的股权都适宜捐赠，股权是否适宜捐赠要考虑股权捐赠的初衷，捐赠是否有助于实现受赠人的慈善目标，捐赠人是否对股权捐赠作出真实有效的意思表示，是否符合自愿、无偿的原则等诸多因素。这就需要考虑被捐赠股权的不同性质对受赠人慈善目标实现有无影响。在法律已经明确股权可以作为捐赠标的的前提下，需要法律对不适宜捐赠的股权进行规定，可以建立负面清单，如所有权不明、有争议的股权，被法院强制执行的股权，被代持的股权，名为股实为债的股权，代理人未经被代理人同意捐赠的股权，设定担保的股权以及法律、行政法规规定不得捐赠的其他股权，这些股权权属不清或可能陷入争议、被执行的境地，受赠人很有可能并不能从股权受赠中获得收益，甚至会给慈善事业的发展带来诸多不利。待捐赠的股权应为“完整”“清洁”、无权利瑕疵的股权，今后随着实践的发展可以在这方面作出更为完善的规定。

（二）股权价值评估

一般来说，待捐赠的股权必须是有价值的，且股权捐赠是无偿的，可以让受赠人从捐赠中获益。如前所述，股权有增值的可能性，但股权的价值并不是确定不变的，会受到公司经营状况等诸多因素的影响。这一点不同于货币和实物，股权价值变动不居的特点对评估也提出了较高要求。

在地方性法律法规中有关非货币性资产价值评估的规定。例如，《上海市募捐条例》第二十一条规定：“募集的物资、有价证券、知识产权等非货币财产，需要对其价值进行评估的，由募捐组织和捐赠人协商委托专业评估机构评估；经捐赠人同意，募捐组织对受赠的非货币财产，可以依法通过拍卖、转让等方式变现。评估、拍卖、转让等产生的费用，

① 黄××等与浙江金华信华经济发展集团有限公司职工持股会等股权纠纷案，浙江省金华市婺城区人民法院（2014）金婺商外初字第1号民事判决书。

可以在工作成本中列支；捐赠人愿意另行支付的，由其支付。”[①]《广州市慈善促进条例》也作出了类似的规定，第二十一条规定为：“捐赠财产的价值需要评估的，捐赠人可以与接受捐赠的慈善组织或者开展慈善活动的其他组织协商委托有资质的评估机构进行评估。评估费用可以约定在捐赠财产中冲减或者由捐赠人另行支付。”[②] 显然《上海市募捐条例》主要适用于非货币财产，而《广州市慈善促进条例》的评估程序适用于广义的捐赠财产。

以上地方性法律法规是对募捐财产评估机构和费用的规定，但是没有明确评估价值标准。捐赠物的价值评估标准该如何确定呢？就企业而言，财政部和国家税务总局联合出台的财税〔2009〕124 号文件中，明确规定非货币性资产按照公允价值计算；2009 年财政部出台《关于加强企业对外捐赠财务管理的通知》，该通知使股权捐赠成为可能，确立按照公允价值确定股权捐赠价值的规定。《企业会计准则——基本准则》第四十二条规定：在公允价值计量下，资产和负债按照市场参与者在计量日发生的有序交易中，出售资产所能收到或者转移负债所需支付的价格计量[③]。如果股权流动性强，公允价值比较容易确定；如果是有限责任公司，股权交易市场有限，缺乏流通性，公允价值难以确定，应当细化评估方法，可以参照企业会计准则来确定一个相对公平合理的价值。在 2016 年出台的最新规定中明确按照股权的历史成本计量捐赠股权的价值。首先应确定捐赠股权价值的确定方法——是公允价值还是历史成本，之后再进一步确定评估方法。直到财税〔2019〕第 99 号文件才对个人捐赠股权的价值评估标准作出规

① 《上海市募捐条例》，上海市人民代表大会常务委员会公告（第 49 号），2012 年 6 月 7 日发布。

② 《广州市慈善促进条例》，广州市第十五届人民代表大会常务委员会公告（第 78 号），2021 年 6 月 1 日发布。

③ 《企业会计准则——基本准则》第九章 会计计量，中华人民共和国财政部令第 76 号，2014 年 7 月 23 日发布。

定：捐赠股权和房产的，依据个人持有的财产原值确定捐赠金额，而且申请税前扣除的，应当提供个人持有的财产原值证明。

除了评估机构、费用以及评估标准之外，还有评估基准日的确定。股权捐赠完成后，股权价值会受到公司经营状况的影响。评估日是捐赠人作出股权捐赠决定之日、开始股权捐赠行为之日还是行为完成之日呢？评估基准日原则上应以股权捐赠行为完成之日为准，将该日的股权价值作为认定股权捐赠价值及慈善扣除的依据。但评估基准日不是一成不变的，可能在特殊情况下需要调整，如捐赠人的主观状态、捐赠目的等①。

股权价值评估的结果会影响到慈善抵扣的数额，实践中很有可能出现恶意捐赠人控制评估过程。评估机构必须按照评估报告的要求，对评估人员构成及评估程序严格把关，避免出现虚假不实、故意夸大评估数额的现象，以确保股权评估结果的客观性和公正性②。

二、完善企业制度、助力股权捐赠

（一）健全公司内部决策程序与股权变更手续

如果将股权捐赠视为股权转让，根据《中华人民共和国公司法》的规定，如果股东个人欲将其持有的股权向基金会进行捐赠，除非公司章程另有规定，否则必须经过有限责任公司其他股东过半数同意，其他股东不享有优先购买权；上市公司的股东欲捐赠其持有的股权，需要遵循公司法和证券法的相关规定，以及证监会和证券交易所的规定，如信息披露和要约收购制度，部分主体会受到时间限制。

如果公司要作出股权捐赠的决定，就需要明确股权捐赠的决策权归属。一般的股权捐赠可以由董事会来决定，但捐赠数额过大、对上市公

① 葛伟军．论股权捐赠的法律规则［J］．清华法学，2014（2）．

② 葛伟军．公司捐赠的慈善抵扣——美国法的架构及对我国的启示［J］．中外法学，2014（5）．

司股权结构产生较大影响时，适宜交由上市公司股东大会决定。[①] 在公司内部决策时，需要审查捐赠人是否履行了出资缴纳义务，如果捐赠人认而未缴，可以由捐赠人向公司/决策机构作出在一定期限内履行出资义务的承诺，或者在履行完毕出资义务后再行捐赠股权。这主要是保证待捐的股权是适宜的，保护公司的利益，不给受赠人带来额外负担。

当捐赠事项达成一致或捐赠协议签订后，还会涉及公司内部股东名册及外部工商登记的变更，捐赠人及公司应协助受赠人办理股权变更手续。

（二）防止捐赠人通过股权捐赠进行不正当关联交易

《基金会管理条例》只是对财产的管理和使用、监督管理作出了概括性的规定，缺乏对不正当关联交易的规制。该条例还赋予捐赠人查询捐赠财产使用、管理情况的权利，对于基金会违反捐赠协议使用捐赠财产的，捐赠人有权要求基金会遵守捐赠协议或者向人民法院申请撤销捐赠行为、解除捐赠协议[②]。但是捐赠人可能在公司与基金会之间进行不正当的关联交易行为，尤其是捐赠人将股权捐赠给自己成立的基金会，并作为公司的大股东以及在基金会中担任管理职责的。当捐赠人从事这样的行为时，如有违规风险，应该由谁来进行监督管理呢？

未来《基金会管理条例》需要作出更新，在公司法与上市公司的相关法律法规中也要对捐赠人将股权捐赠给自己设立的基金会来进行不正当关联交易的情形纳入立法考量。明确公司与基金会之间进行关联交易的情形及法律后果，并对捐赠人设置处罚措施，增加其违法成本。如果捐赠人是公司的控股股东或担任公司的董事、监事、高级管理人员时，对公司是负有信义义务的，可以通过这些义务来约束捐赠人的行为。由于目前公司大股东通过股权捐赠设立私募基金会的情形较多，私募基金

---

① 庄敏．公司公益性股权捐赠法律问题探讨［J］．中共南昌市委党校学报，2015（2）．

② 《基金会管理条例》第四章、第五章，中华人民共和国国务院令第 400 号，2004 年 3 月 8 日发布。

会中可能出现不正当的关联交易，更有必要加强对私募基金会中不正当关联交易的监督管理。细化基金会登记管理机关和基金会业务主管单位的监督职责，将捐赠人利用职责之便从事不正当关联交易行为列入监督范围内，通过内外部双层监督模式确保基金会的正常运行，确保捐赠的股权确实用于公益慈善事业。

三、建立基金会的运作规范

（一）采取代理行使表决权或表决权信托形式

在股权捐赠中，捐赠方和受赠方考虑的有所不同，捐赠方更关注股权行使及公司的控制权是否发生改变，捐赠方虽然做出了股权捐赠的慷慨之举，但仍不希望就此失去对公司的控制权，将股权交给不擅长行使股权的受赠方，捐赠人不无担心。而受赠方更多地关注股权所能带来的分红、股息、是否可以转让变现等经济性利益。巴菲特在股权捐赠之前，先将表决权高的 A 股稀释为表决权低的 B 股，将 B 股进行捐赠，保留 A 股，这样使其仍然是伯克希尔·哈撒韦公司的第一大股东。曹德旺在股权捐赠中也有河仁慈善基金会在涉及大宗交易或其他重大事项时授权自己进行表决的意愿。这些都是股权捐赠人仍保留对捐赠股权控制的事例。

一方面是捐赠方与受赠方的不同需求，另一方面是财企〔2009〕213号文件中的规定，股权捐赠方必须完成股权的变更登记，对于已捐赠股权不再行使股东权。如何在兼顾双方的合理需求时，又不违反文件的规定呢？可以考虑采用代理行使表决权或表决权信托的形式。代理形式是较为常见的，表决权信托是指为了集中行使股东表决权，股东将其股份在法律上的权利，在一定时期内，把股权的表决权让与指定受托人行使的一种信托制度[①]。第一种形式下，由成为股东的受赠人与捐赠人签订代理协议，受赠人作为被代理人，捐赠方作为代理人，由捐赠方代理受赠

① 梅慎实．现代公司权力机关构造论［M］．北京：中国政法大学出版社，2000：287.

人行使授权范围内的股东权利。第二种形式下，受赠人作为委托人将股权交由捐赠人行使，捐赠人作为受托人对受赠人负有信义义务，受益人可以是受赠人或特定公益事业。代理和信托的情况下捐赠方可以及时了解和掌握公司重大事项的决策情况但不能继续保留对被捐赠股权的控制权，而且捐赠人作出的决策或行为必须为了受赠人的利益考虑，受赠人也能获得分红和股息，双方各取所需，这是受赠人成为公司股东后可以加以考虑的制度设计。但是这一授权是有前提的，即股权已经完成变更登记，受赠人已经成为名副其实的股东，捐赠人本身不再保留股东权利，只是代为行使或受托行使，代理情况下要在授权范围内，信托关系中则要尽到信义义务，不能滥用或越权行使股东权利。

（二）健全受赠人财务管理制度

1\. 受赠人在接受捐赠时尽到审慎调查职责

为了保证慈善目的的实现，以及受赠人不会因受赠而有额外负担，待捐赠的股权必须是“清洁、完整”的股权。一方面有赖于相关法律对适宜捐赠的股权作出更完善明确的规定，另一方面需要受赠人在接受捐赠时由专门人员尽到审慎调查职责，确认受赠的股权是权属清晰、无权利瑕疵、无争议或被申请执行的可能性、捐赠人已经履行完毕出资义务或作出履行承诺的，符合受赠人开展公益事业的需要。

2\. 接受的捐赠股权及时办理登记并入账

在捐赠事项协商一致后，除了公司的股东名册及工商登记需要变更，受赠人对于新受赠的财产也需要相关负责人员及时办理登记及入账事宜，建立清晰的财务管理制度有利于对受赠人的财产使用进行监督，也可以满足捐赠人查询及对外信息披露的要求。

3\. 受赠股权的管理、运用及处置

《基金会管理条例》第二十七条第三款规定：接受捐赠的物资无法用于符合其宗旨的用途时，基金会可以依法拍卖或者变卖，所得收入用于捐赠目的。那么对于受赠的股权，受赠人是否有权再行处置呢？受赠人受赠股权是为了公益事业发展的需要，在完成股权变更程序后，受赠人就成为公司的股东。一般意义上，股东是享有转让股权这一权利的。有学者认为，受赠人再行转让会导致公司控制权变更，给捐赠人造成额外负担。这样的疑虑不无道理，但是权衡捐赠初衷与公司控制权，宜以股权捐赠的初衷为优先考虑。这就要考虑公司的具体情况，如果是上市公司流动性好的或者分红多的股权，再行转让的必要性不大。但如果是非上市公司股权流动性较差，或公司经营状况不佳、分红少的，受赠人可能就需要将股权再行转让，才能在短期内获得资金来开展公益活动。在股权无法直接用于公益目的时，受赠人可以将股权进行转让，原则上这是可行的。但也要兼顾捐赠人的意愿，可以要求受赠人在转让股权之前通知捐赠人，征求其意见，转让后资金的使用明细捐赠人也有知情权。这样可以在赋予受赠人对股权处分权的同时加以适当限制，保证捐赠人所捐股权真正为公益所用。

（三）受赠人成为公司股东的后果

为了防止股权捐赠仅仅是形式或名义上的，捐赠人必须将股权所有权转让给受赠人，这也有利于保证受赠人股东权利、义务的实现，防止捐赠人的操纵行为对受赠人的股东地位造成不利影响。① 股权受赠人在接受捐赠人捐赠的股权后，成为被捐赠股权公司的股东。受赠人的这种继受股东身份同样应受到公司法的保护，受赠人也享有其他股东的权利和应履行作为股东的义务。例如受赠人可以行使的权利有：参加有关会议并表决、剩余资产分配请求权、分红权、知情权，在自己的权利被侵害时，可以提起股东直接诉讼，公司利益受到侵害而在公司内部不能寻求有效救济时可以以自己的名义代公司提起诉讼。受赠人作为公司股东同样负有义务，若为控股股东或实际控制人，不得利用控制地位损害其他股东的利益、不得利用关联关系损害公司利益、遵守公司章程以及相关

① 葛伟军. 论股权捐赠的法律规则［J］. 清华法学，2014（2）：130.

法律规定。

（四）信息披露要求

1. 遵循原则

一般来说，信息披露的基本要求有：及时性、全面性、客观真实性。[①] 此外，《公益慈善捐助信息公开指引》还明确了信息公开的其他原则：方便获取、规范有序、分类公开、公开为惯例不公开为例外。无论捐赠人还是受赠人，在披露慈善捐赠的相关信息时，首先要符合法律规定的原则。

2. 作出明确具体规定

在上市公司的信息披露方面，要明确股权捐赠是否属于“对投资者作出决策有重大影响的信息”或“对交易价格产生较大影响的重大事件”。股权捐赠是否属于“较大变化”，持股5%的变化是否应该包括多次捐赠，如同一捐赠人向同一受赠人多次捐赠累计达到5%的，是否应该也属于“较大变化”，也属于披露的范围，这些细节问题都需要进一步明确。如果公司参与捐赠，应该向股东以及债权人进行披露，慈善捐赠信息属于股东或债权人知情权范围。无论股东还是债权人，都需要对捐赠事项有基本了解，例如，捐赠时间、捐赠股权的种类（普通股还是优先股）、拟捐赠股权的比例、捐赠性质（定向捐赠还是非定向捐赠）、收据、捐赠人与受赠人的关系等。对于定向捐赠，还应当包括捐赠物的使用情况（受益对象、地区、开办活动等）[②]。

四、借鉴境外慈善抵扣、税收优惠制度

我国目前没有就股权捐赠的税收优惠作出单独规定，股权捐赠是否可以享受税收优惠，适用慈善抵扣制度呢？如果说慈善抵扣制度是为了

---

① 文青．以机制建设推动中国公益慈善事业发展——股权捐赠相关政策法律问题研讨会综述［J］．社团管理研究，2010：60.

② 葛伟军．公司捐赠的程序论：基于捐赠成立的视角［J］．商事法论集，(24)：58.

鼓励捐赠人积极参与慈善事业，捐赠股权的主体为慈善事业作出了贡献，属于慈善捐赠的一种，应当享受慈善抵扣。有学者就曾在其文章中谈道，股权捐赠的税收抵扣是合法的，而慈善抵扣限额是合理性问题，可以参照别国规定①。

（一）其他国家慈善抵扣制度

1. 非营利组织的营利性活动税收规定

不同国家和地区对于非营利组织从事营利活动是否征税的态度不尽相同。英国、波兰等国规定非营利组织的营利性收入可以全部免税；菲律宾规定非营利组织一切商业活动取得的收入都应当依法纳税；日本规定非营利组织参与营利活动的收入有权享有低于企业所得税税率的优惠；还有的国家规定允许小部分经济活动所得利润免税，而超出部分需要纳税；根据美国税法典，对非营利组织从事与其宗旨相关的营利性收入予以免税②。这也是比尔与梅琳达·盖茨基金会每年进行大额捐赠，但基金会资产规模仍不断扩大不至于坐吃山空的原因。

2. 慈善捐赠税收优惠政策

美国《国内税收法典》规定了慈善捐赠税收优惠比例，法典将慈善组织分为两类：公共慈善机构和私人基金会，股权捐赠给公共慈善机构获得的税收优惠率为30%，高于捐赠给私人基金会可以享受的20%的优惠税率。个人公益性捐赠最高可以享受应纳税额50%以内的税前扣除，企业的公益性捐赠税前扣除的额度为应纳税额的10%以内，不论个人还是企业超额的公益性捐赠可以在五年内递延抵扣。在英国，对于货币性捐赠，企业向公益基金会的捐赠允许从应税所得中全额扣除，个人的慈善捐赠款项可以按照较低的所得税基础税率纳税。德国税法规定，超过额度的公益性捐赠允许在七年内递延抵扣。

---

① 葛伟军．论股权捐赠的法律规制［J］．清华法学，2014（2）：127.

② 占苏．非营利组织营利收入及其税收优惠可行性探讨［J］．价格月刊，2010（11）：79.

（二）完善我国相关规定

税收优惠政策是否发挥作用受多重因素影响，需要各方合力来推进政策和管理办法的配套协调，才能真正发挥通过税收优惠来促进股权捐赠的激励作用。一方面要推动现有政策实施，另一方面要继续完善税收政策体系，这是顺应税制改革和慈善事业发展的必然要求。立足当下，着眼未来，就要切实推进我国慈善税收政策的落实与优化①。

1. 非营利组织从事营利性活动的税收优惠

非营利组织的营利性收入是否免税或抵税，这与受赠人在接受股权捐赠后是否可以将股权再进行转让这一问题有一定关联。受赠人再行转让股权的行为是一种营利性行为，但这一行为会为基金会带来资金，有益于公益活动的顺利开展。只要基金会的股权转让不违背其宗旨，并且将股权转让所得用于非营利性目的或者公益事业，再次转让股权的行为是可以被允许的，而且所得收入不应再征税。

但是非营利性组织的营利行为应受到一定限制，否则其免税待遇会给市场竞争秩序造成冲击。在制定对于非营利组织营利行为所得收入的税收政策时，需要考虑的因素有：营利行为与非营利组织宗旨的关联性、营利所得收入的流向、是否构成与营利部门的恶性竞争。在具体的立法模式上，可以考虑从税收或者活动类型两方面进行规定。第一种模式是允许非营利组织从事各种类型的营利活动，但是并不是所有的营利活动所得都可以免税，只有与非营利组织宗旨相关的营利性活动所得收入才可以享受免税优惠；第二种模式是只允许非营利组织从事与自身宗旨相关的营利活动，不得从事与宗旨无关的营利性活动②。无论在哪种立法模式下，基金会虽然可以从事转让受赠股权等营利性活动，但只有在符合其设立宗旨的情况下（即将转让所得资金用于慈善事业）才可以享受税收优惠政策。

---

① 梁季．税收促进第三次分配与共同富裕的路径选择［J］．人民论坛，2021（28）：39.

② 占苏．非营利组织营利收入及其税收优惠可行性探讨［J］．价格月刊，2010（11）：81.

2. 完善税收扣除制度

税收扣除制度的合理设置可以降低捐赠人的捐赠成本，提高其捐赠的积极性。未来我国在税收扣除方面需要进一步完善。其一，扩大税收优惠范围，降低税收优惠门槛。可以将享受扣除的慈善领域由教育、济困、扶贫扩展到科教文卫、污染防治、生态环境保护等方面；针对我国可以享受扣除的慈善组织数量有限这一现状，可以考虑逐步增加享受扣除的慈善组织数量。其二，加大税收优惠力度。首先，可以适当提高扣除比例。我国企业的公益性捐赠支出在年度利润总额12%以内的部分允许扣除，个人捐赠税前扣除比例设置为个人应纳税所得额的30%，可以借鉴加拿大和美国等国的规定，将税前扣除比例提高。其次，我国的慈善法和企业所得税法规定了企业捐赠的递延抵扣制度，但缺乏个人递延扣除的规定。其他国家规定了个人捐赠当期扣除不完的可以递延，其中德国的结转扣除年限为7年，美国和加拿大规定为5年。我国可以根据企业和个人的捐赠扣除比例，设置适当的结转年限。再次，提高扣除基数，目前我国的企业捐赠扣除基数为年度利润总额，个人捐赠扣除基数为应纳税所得额，可以考虑将企业扣除基数设置为营业收入，个人捐赠扣除基数设置为综合所得总额。目前我国没有对股权捐赠作出特殊规定，但股权捐赠作为慈善捐赠的一种，股权捐赠人应该享受上述税收优惠政策。

3. 其他税收优惠

美国法关于合格受赠人范围比我国现行规定广泛很多。除了实践中对慈善目的界定不清外，很大程度上在于受赠人的慈善抵扣资格需要行政审批。有学者就曾指出，除非有证据表明基金会等社会团体的设立或运行出于非法目的，否则不应将资格认证变成其发展障碍，谨慎实行资格认证制度有利于促进慈善事业发展及营造公平和谐的社会环境[①]。降低“符合条件的非营利组织”审核门槛，扩大可以享受税收优惠政策的非营

① 葛伟军．公益捐赠的慈善抵扣——美国法的架构及对我国的启示［J］．中外法学，2014（5）：1343.

利组织范围，从事前审查转变为事后监督。如果财税部门在监管过程中发现非营利组织的行为违背慈善的宗旨，借慈善之名偷逃税款，税务机关可以取消该组织的免税资格，并要求其补缴税款、处之以罚款等。事后审查机制在简化程序、降低行政机关工作负担的同时，也能调动捐赠人及受赠人双方的积极性，促进股权捐赠进一步发展。此外，公益性捐赠的税务管理方面也是需要进一步完善的，如简化捐赠扣除的程序和步骤，统一公益慈善捐赠票据，捐赠人没有扣除过的纳税部分可以跨区域扣除，不因票据不统一而不能享受扣除优惠。

4. 监督机制

要想保证税收优惠政策正确执行，就需要严格有效的监督机制。发达国家对享受税前扣除的公益性机构、捐赠者的捐赠行为以及税前扣除有严格的审核机制。例如美国就建立三类监督机构，美国国税局建立了全面高效的信息平台对税前扣除进行直接审查和监管，专门的监察机构对非营利组织进行日常督查和管理，还有慈善事业信息局在提高有关信息的公开透明度方面发挥作用，通过行业内的信息共享、制定行业规则进行专门监管，这些监督机构多管齐下地提高税收优惠政策的有效性[①]。今后我国也需要建立健全慈善事业监督体制，将股权捐赠纳入监督范畴，来有效推进税收优惠政策的实施。

① 任国保，周宇. 新个人所得税制度下公益性捐赠扣除［J］. 湖南税务高等专科学校学报，2020（1）：26.

第五章

股权慈善信托

慈善信托是运用信托制度开展慈善活动的新方式，为社会公众参与公益慈善活动提供了新路径。慈善信托具有安全、灵活、高效、透明、持久和创新等特征，在服务委托人个性化慈善需求和提升慈善活动持续性方面具有制度优势。股权是居民财富日益重要的组成部分，也是我国慈善事业的重要财产来源。发挥慈善信托制度优势，开展股权慈善信托，对于扩大慈善信托财产范围、满足社会各界多样化的慈善需求具有重要的创新和探索意义。与以资金设立慈善信托相比，以股权设立慈善信托涉及的环节相对复杂，对受托人的专业管理能力提出了更高的要求。与股权慈善捐赠相比，股权慈善信托在税收优惠政策落实、股权非交易过户、股权上市退出等方面仍需政策支持。

第一节　股权慈善信托的发展基础

慈善信托自慈善法实施以来发展较为迅速。截至2021年12月底，全国备案的慈善信托数量已超过760单，累计规模超过39亿元，成为我国公益慈善事业的重要组成部分。随着居民非货币类财产的快速增长，以股权行善成为一种趋势。以股权设立慈善信托，可以更好发挥信托制度的优势，推动慈善活动从消耗型向自生型路径转变。

一、法律基础

（一）慈善信托是一种新型慈善方式

慈善信托（Charitable Trust）起源于中世纪的英国的用益制度（USE）。当时，随着宗教理念深入人心，基督教徒为了践行博爱利他、同情济世的教义，大多将自己的土地等财产捐献给教会，用于救济贫困等公益活动。这就导致了土地向教会的不断集中，并对王权构成了严重威胁。对此，13 世纪英国国王亨利三世颁布了没收法，禁止人们临终前将土地赠予教会。虔诚的教徒为了规避没收法的禁令，将土地和财产交付给信赖的朋友（即受托人），由受托人为了教会的利益，以促进宗教为目的进行管理。这种制度安排被称为用益。1601 年英国慈善用益法的颁布，正式确立了慈善信托的法律地位，成为慈善信托发展的起点。在这之后，英国法院依据这部法律所列举的慈善目的来认定法律上的慈善信托。在随后的 400 多年岁月里，信托制度在英美法系国家广泛传播，并为大陆法系国家广泛移植和借鉴。

为促进我国公益慈善事业发展，2001 年信托法引入了公益信托制度，奠定了我国公益信托发展的基础。信托法专设“公益信托”一章，对公益信托的目的范围、设立方式、管理方法等方面作出规定。然而，由于公益信托实行审批制，“公益事业的管理机构”也未予以明确，信托法实施后的 15 年里，我国真正落地的公益信托屈指可数。

2016 年慈善法实施并推出“慈善信托”，在制度设计上充分借鉴境内外公益慈善信托发展经验，弱化行政管制，明确慈善信托采用备案制，明确其主管机关为国家民政部门，从而激活了慈善信托优势，为我国公益慈善事业发展注入了新的动能。为规范慈善信托发展，2017 年，银监会、民政部联合印发慈善信托管理办法，标志着我国慈善信托规制体系基本建立，对慈善信托的规范发展具有重大促进意义。

（二）股权符合法律法规对慈善信托财产的要求

信托法第七条规定，“设立信托，必须有确定的信托财产，并且该信托财产必须是委托人合法所有的财产。本法所称财产包括合法的财产权利”。慈善信托管理办法第十二条规定，“设立慈善信托，必须有确定的信托财产，并且该信托财产必须是委托人合法所有的财产”。股权是股东因出资而取得的、依法定或者公司章程的规定和程序参与事务并在公司中享受财产利益的、具有可转让性的权利。广义的股权，泛指股东得以向公司主张的各种权利；狭义的股权，则仅指股东基于股东资格而享有的、从公司获得经济利益并参与公司经营管理的权利。委托人以合法所有的且具有处分权利的股权作为信托财产设立慈善信托，符合信托法、慈善法等法律法规对信托财产的要求。

二、经济基础

（一）股票及股权资产是居民财富的重要形式

随着我国经济的快速发展，社会资金投资需求推动大量企业上市和提高国家资产证券化水平，股票及股权资产以其具有的增值和高流动性特征而逐渐成为储蓄转移的方向。根据中国社科院统计数据显示，截至2019年年底我国居民总资产574.96万亿元，其中股票及股权资产170.21万亿元，占居民总资产的比重达29.60%，是仅次于住房资产的第二大居民资产类型。股票作为我国高净值客户的一大财富载体，在客户财富结构中占据着重要地位。顶级富豪的财富主要以股权的形式存在。

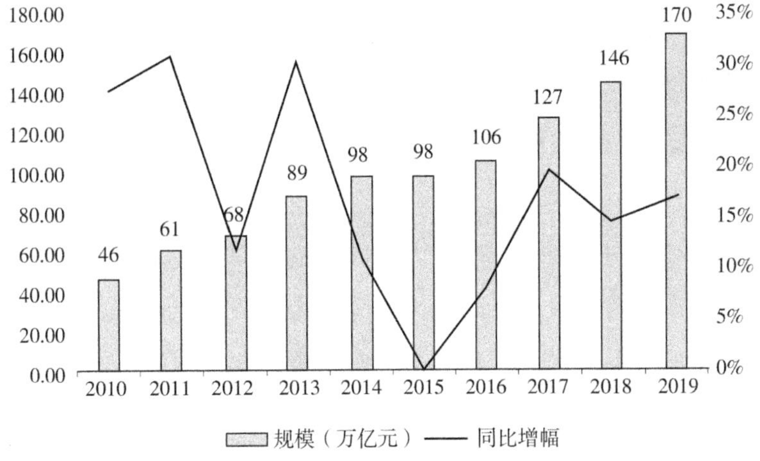

图　我国居民股票及股权资产规模及同比增幅

来源：中国社科院，Wind。

（二）未来股权资产增值具有广阔空间

我国经济转向高质量发展的新阶段，创新成为经济增长的新动力，股权投资以前瞻性的眼光布局未来，具有更大增长空间。股权投资是适合新兴产业成长的重要资产配置方式，资本市场是这个发展过程中核心动力及载体，受到政策的大力支持。《中华人民共和国国民经济和社会发展第十四个五年规划和2035年远景目标纲要》提出，要完善资本市场基础制度，健全多层次资本市场体系。随着科创板稳步运行，创业板注册制改革顺利破题，新三板综合改革渐次落地，区域性股权市场的整体发展思路逐渐清晰，我国多层次资本市场总规模将持续扩大。截至2021年12月底，沪深两市上市公司4600多家，总市值超过90万亿元。而在交易所之外，我国还有5000多万家中小企业，股权类资产具有广阔的增长空间。

三、社会需求基础

慈善信托作为一种运用信托制度开展的新型的慈善方式，与慈善捐赠等其他慈善方式相比，可以利用信托制度安全、灵活、高效、透明、持久、创新的特点，更好地根据委托人的意愿开展慈善活动。

（一）安全：慈善信托财产受到特别保护

慈善信托的财产在信托专户中单独保管，具有多重独立性，独立于委托人的其他财产，独立于受托人的固有财产，也独立于受托人管理的其他信托财产。这意味着在委托人或受托人破产的情况下，慈善信托的财产是安全的，不会受到债权人的追索。受托人管理的其他信托项目出现风险和损失，与独立于这些项目的慈善信托也没有关系。此外，对于受托人未能审慎管理慈善信托导致信托财产受到损失的，委托人还有权要求受托人赔偿，甚至可以更换受托人。这种制度安排最大限度保障了慈善信托财产的安全。

（二）灵活：慈善信托结构设计充分自由

慈善信托的财产可以为资金，也可以为各种非货币财产，且无规模门槛限制。实践中，我国出现了以股权、金融产品、艺术品、医疗物资等非货币财产设立慈善信托的探索。慈善信托的决策机制也可灵活约定，可由委托人主导决策，也可由信托当事人共同决策，还可引入外部专家参与决策，使委托人的慈善意愿得到充分体现。慈善信托每年慈善支出金额也没有硬性规定，与公募基金会每年有70%的最低慈善支出要求相比，慈善信托可以根据公益项目的实际需求灵活安排支出。

（三）高效：慈善信托设立简便、管理专业

慈善信托设立非常简便，无须经过漫长的审批等待。委托人签署信托合同，交付信托财产，并由受托人向民政部门备案后，慈善信托即宣告生效。慈善信托成立后，受托人对闲置资金进行专业的保值增值投资，可为慈善活动提供更多资金来源。根据慈善信托年报披露信息统计，我国规模千万元以上的大额慈善信托，普遍采取稳健的配置策略，以固定收益为主积累安全垫，以少量现金类资产保持流动性，个别还以少量权益类资产博取超额收益，大部分取得了较好的投资回报，年化投资收益率达到6.5%甚至更高①。

（四）透明：更细颗粒度的信息公开

慈善信托资金如何管理运用，实现了怎样的慈善效果，是委托人十分关注的问题。对此，慈善法要求受托人每年至少一次将慈善信托事务处理情况向备案民政部门报告，并向社会公开。与慈善组织就其管理所有慈善项目和财产出具一份年度报告相比，慈善信托的受托人须就管理的每一单慈善信托单独出具年报，披露内容也更加细致，因而委托人可以充分追踪慈善资金的具体用途和实现的慈善效果。在信息公开的同时，慈善信托也高度重视隐私保护，委托人不同意公开的姓名、名称、住所、

① 沈苗妙．大额慈善信托的运行效果分析．微信公众号“中诚信托”，2020-8-20.

通讯方式等信息，受托人不得公开。

（五）持久：财产管理的长期持续

信托制度具有财产管理的长期性优势。信托机制下的三方架构安排本身具有稳定性，信托财产也受到信托法的特别保护，因此慈善信托的持续运行具有制度基础作为保障。慈善信托不会受到委托人死亡、丧失能力以及破产的影响而发生中断，也不会因为受托人被依法撤销、被宣告破产、依法解散、法定资格丧失而终止。因此，慈善信托可与家族信托结合，跨越委托人的生命周期，将其慈善精神以更有生命力的模式实现传承，共同实现物质财富和精神财富的延续。

四、以股权设立慈善信托的特殊意义

与以货币资金设立慈善信托相比，委托人以股权设立慈善信托更具特殊意义。受托人只有深刻理解委托人以股权开展慈善活动时所凝结的情感和责任，才能真正认识到受托管理股权慈善信托时具有更大受托管理责任。

（一）股权慈善信托是凝结情感的托付

委托人以股权设立慈善信托，不论何种估值方法，该委托的股权都有一定的公允价值。但是，委托人以股权设立慈善信托，所托付的内容远远超于公允价值本身。股权慈善信托凝结了委托人的丰富情感。股权本身是委托人和创业伙伴多年心血的结晶，承载着委托人和创业团队的梦想，是委托人极其珍重的财产。委托人将这凝结了丰富情感的股权设立慈善信托，是经过长期的深思熟虑的，不仅相信股权财产未来具有很大的增值空间，而且把未来股权的增值潜力都交付给了慈善信托，体现了委托人对慈善事业的热爱。

（二）股权慈善信托是持久的托付

股权是长期的存在，只要企业持续经营，企业股权就一直存续。因此，以股权设立慈善信托，是将慈善活动作为一项长期事业来开展。长期的事业需要长期的伙伴，因此股权慈善信托是委托人对受托人的长期的托付，体现了委托人对受托人的高度信任。委托人相信受托人能够在很长的时间内存续经营，相信受托人具有长期地开展慈善信托受托管理服务的专业能力，相信受托人能够以实现慈善为目的管理好信托财产，助其实现长远的慈善目标。

（三）股权长期增值的责任重大

以股权设立慈善信托，慈善目的实现需要股权持续增值和分红。尤其委托人以股权设立慈善信托后，该股权就变成了社会公共财产，股权价值的变动也将受到社会公众的监督，股权所在的企业也从某种意义上成为一家公众公司。因此，无论是受托人还是委托人，股权持续增值不仅是机构自身的责任，也是受益人和社会公众的热切期盼。此外，股权转移给慈善信托后，股权增值更要依赖企业经营团队的努力，对企业管理层也提出了更高的要求。

（四）受托人承担更大管理责任

正是因为股权慈善信托不仅仅是股权价值的交付，也是委托人多年心血的持久托付，这对信托公司受托管理慈善信托提出了更高的要求。与资金信托不同，股权慈善信托的管理职责更加重大。一方面，受托人代表慈善信托成为标的公司的股东，要承担股东责任，履行股东义务；另一方面，为保障慈善目的实现，受托人承担着股权财产流动性管理、价值变动管理等工作。为了全方位做好受托管理工作，不论在设立环节、运行环节还是清算环节，股权慈善信托的人员和精力投入都要远远超过资金信托。

第二节　股权慈善信托的发展现状

与慈善信托的快速发展相比，我国股权慈善信托仍处于起步探索阶段。截至 2021 年 12 月底，全国仅有两单股权慈善信托完成备案，分别为 2017 年成立的“国投泰康信托 2017 年真爱梦想 2 号教育慈善信托”和 2018 年成立的“鲁冠球三农扶志基金慈善信托”。

一、我国股权慈善信托探索历程

与货币型慈善信托相比，股权慈善信托更能发挥信托制度持久的优势，推动慈善活动从传统消耗型模式向自生型路径转变，促进我国慈善事业可持续发展。慈善法实施以来，由于非货币型慈善信托税收优惠、非交易过户政策缺失等原因，真正落地的股权慈善信托仅两单。

2017 年 4 月，由国投泰康信托担任受托人的“国投泰康信托 2017 年真爱梦想 2 号教育慈善信托”在北京市民政局完成备案，标志着国内首单以股权财产设立的慈善信托正式成立，这对于扩大慈善信托财产范围、满足社会各界多样化的慈善需求具有重要的创新和探索意义。

2018 年 6 月，万向集团实际控制人鲁伟鼎委托万向信托设立“鲁冠球三农扶志基金慈善信托”，初始信托财产为委托人持有的万向三农集团有限公司全部股权，对应出资额 6 亿元，信托财产用于开展扶贫、济困、扶老、救孤、恤病、助残、优抚、救灾等慈善活动。鲁冠球三农扶志基金慈善信托是我国目前资产规模最大的永久存续的股权慈善信托，在我国股权慈善发展历史上具有标志性意义。

2017 年 7 月 25 日，广东省和的慈善基金会发布和的慈善捐赠体系，其中包括 1 亿股美的集团股权和 20 亿元现金捐赠（2018 年增加至 24 亿元）。美的集团实际控制人何享健先生承诺通过美的控股有限公司捐赠所持美的集团股票 1 亿股，设立一个永续的慈善信托“和的慈善信托”，慈善信托财产及收益将全部用于支持公益慈善事业的发展。在“和的慈善信托（计划）”尚未正式落地之前，为了保证切实履行捐赠承诺，美的控股有限公司从 2018 年起将已宣布捐赠的 1 亿股美的集团股权的收益分红独立核算，并直接捐赠至和的慈善基金会，截至 2020 年，累计捐赠

41039万元，用于支持公益慈善事业发展。

二、我国股权慈善信托案例

（一）国投泰康信托2017年真爱梦想2号教育慈善信托

2017年4月21日，我国首单股权慈善信托“国投泰康信托2017年真爱梦想2号教育慈善信托”在北京市民政局完成备案，备案编号1100000000008。

1. 信托基本要素

委托人：自然人

受托人：国投泰康信托有限公司

信托目的：支持全国素养教育研究和推广

信托期限：初始信托期限为5年，2020年修改至9年。

信托财产：委托人持有的1万股上海承泰信息科技股份有限公司（以下简称“上海承泰”）。信托成立时，该股权的公允价值为48万元。

2. 信托财产交付过程

标的股权为非上市股份公司股权。由上海承泰在股东名册中办理股东变更登记，并向受托人签发股东凭证。

3. 信托治理机制

委托人交付慈善信托财产后，慈善信托成为上海承泰的股东。受托人代表慈善信托，以自己的名义管理信托财产，行使对上海承泰的股东权利。受托人行使股东权利、处置股权应当征求监察人意见。

对于上海承泰股东大会的特别决议事项，由受托人代表慈善信托行使股东权利。事项包括：（1）公司增加或者减少注册资本；（2）公司的分立、合并、解散、清算及其他变更公司形式；（3）修改公司章程；（4）股权激励计划；（5）股票公开转让或公开发行上市；（6）发行公司债券；（7）上海承泰公司章程约定的其他股东大会特别决议事项。

对于一般事项，受托人可以授权由慈善信托委托人代理行使部分股东权利。授权事项包括但不限于：（1）依法请求、召集、主持、参加或者委派股东代理人参加股东大会，并行使相应的表决权；（2）对公司的经营行为进行监督，提出建议或者质询；（3）查阅公司章程、股东名册、公司债券存根、股东大会会议记录、董事会会议决议、监事会会议决议、财务会计报告；（4）受托人根据法律、行政法规、部门规章或上海承泰公司章程规定授予委托人的其他权利。

（二）鲁冠球三农扶志基金慈善信托

2018年6月27日，鲁伟鼎先生签署信托文件，以其持有的万向三农集团有限公司股权设立“鲁冠球三农扶志基金慈善信托”。2018年6月29日，“鲁冠球三农扶志基金慈善信托”在杭州市民政局完成备案，备案编号3301000000006。鲁冠球三农扶志基金是我国目前资产规模最大的永久存续的股权慈善信托，在我国股权慈善发展历史上具有标志性意义。

1. 信托基本要素

委托人：鲁伟鼎

受托人：万向信托股份公司

信托目的：为“让农村发展、让农业现代化、让农民富裕，以影响力投资、以奋斗者为本、量力而行做实事”，开展扶贫、济困、扶老、救孤、恤病、助残、优抚、救灾等慈善活动，促进教育、科技、文化、卫生、体育、环保等事业发展。

信托期限：永续

信托财产：万向三农集团有限公司100%全部股权，对应出资额6亿元。万向三农集团有限公司业务涵盖食品饮料、远洋渔业、种业、林业、矿业，是我国服务业企业500强，旗下持有上市公司承德露露、万向德农和航民股份的股份；控股新疆硝石钾肥有限公司、浙江大洋世家股份有限公司、杭州品向位食品有限公司、洛阳氟钾科技股份公司等；参股浙江网商银行股份有限公司、万向财务有限公司、杭州万事利丝绸文化股份有限公司等多家企业。截至 2020 年 6 月末，鲁冠球三农扶志基金慈善信托所持有的股权价值已达 141.71 亿元。

2. 信托财产交付过程

2018 年 6 月 27 日，委托人与万向信托签署慈善信托文件；

2018 年 6 月 29 日、30 日，万向三农所持上市公司（万向德农、承德露露、航民股份）披露设立慈善信托的提示性公告；

2018 年 7 月 2 日、3 日，万向德农、承德露露披露收购报告书，申请证监会豁免要约收购义务；

2018 年 9 月 30 日，证监会核准豁免要约收购义务；

2018 年 9 月 30 日，完成万向三农股东工商变更登记；

2018 年 10 月 8 日，承德露露、万向德农披露证监会意见及收购报告书等相关文件。

鲁冠球三农扶志基金直接持有万向三农全部股权，并间接持有上市公司承德露露、万向德农和航民股份之股份。万向三农及其下属公司股权关系明晰、公司治理结构清晰，能够持续稳定地经营。

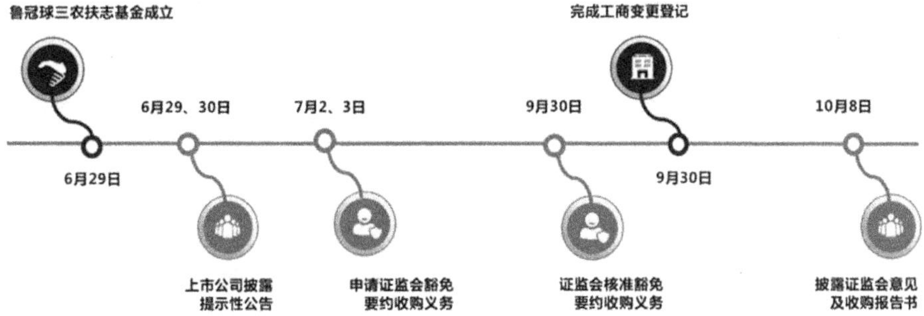

图 1　鲁冠球三农扶志基金股权交付程序

3. 信托治理机制

鲁冠球三农扶志基金根据《鲁冠球三农扶志基金宪章》《鲁冠球三农扶志基金章程》《鲁冠球三农扶志基金慈善信托合同》的约定运行，建立了完善、有效、长期的董事会决策、受托人管理、监察人监督的制度。

鲁伟鼎保留了对鲁冠球三农扶志基金的实际控制权，董事会保持了对万向三农集团的实际决策权，形成了长期稳定的运行机制和完备的内部治理机制。

（1）董事会是鲁冠球三农扶志基金的决策机构

在慈善信托日常管理方面，董事会有权提议修改现有章程；决定慈善信托投资与运营管理的重大政策；审议、批准年度收支预算及决算；定期评估基金的运营状况；对议事规则进行修订；决定基金重要人事任命；决定其他重大事项。

在万向三农的投资、运营、管理等方面，董事会决定万向三农的董事人选提名或委派；决定鲁冠球三农扶志基金作为万向三农股东参与表决的表决意见。

在慈善资助方面，董事会决定基金慈善活动的方向和具体目标；审议、批准慈善秘书提交的年度工作报告；决定鲁冠球三农扶志基金资助对象和资助计划。

（2）受托人恪尽职守，履行诚信、谨慎管理的义务

万向信托作为受托人，依照设立人的意愿和信托文件的规定来行使管理权，承担信托财产的管理、运用和资助等具体事务，以信托为载体明确财务管理制度和信息披露等规范，保证鲁冠球三农扶志基金专业、稳定的运营。

（3）监察人履行监督职责，保障慈善目的的实现

为了监督慈善信托的受托人能够更好地履行管理职责，鲁冠球三农扶志基金设立了信托监察人监督机制，设信托监察人一名。在内控审计管理方面，监察人可选择外部独立审计机构对基金账目、资产进行审计，稽查内部控制存在的管理风险与漏洞，监督利益冲突政策的设计与遵守情况，审查董事会决议等。董事和信托监察人不可兼任，保障决策权和监督权的严格隔离。

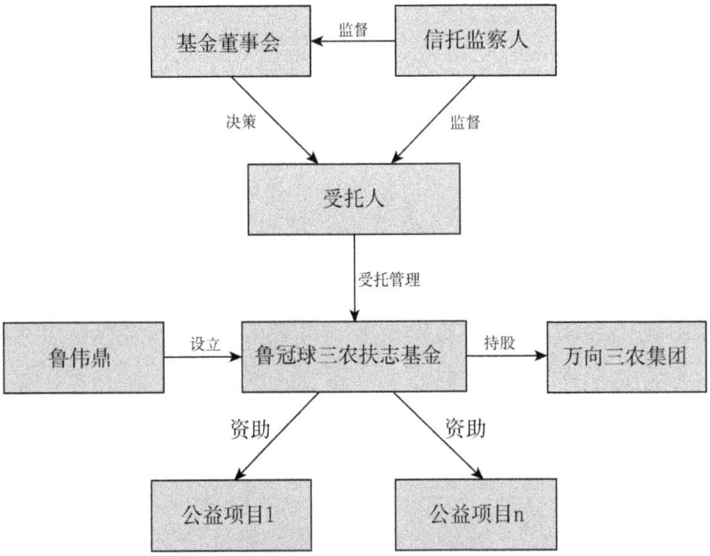

图2　鲁冠球三农扶志基金慈善信托治理机制

第三节　股权慈善信托的关键环节

以股权设立慈善信托包括六大关键环节，分别是股权确权、股权交付、股权管理、慈善支出、信托终止以及税收问题。股权性质不同，股权确权、交付和管理的方式也不同。对于以上市公司股权设立慈善信托，还需要在股权交付和股权管理等环节充分考虑上市公司信息披露和公司治理的特别要求。

一、股权确权

以信托方式开展公益慈善活动，对信托财产的要求体现在两个方面，即信托财产的确定性和合法性。因此，股权慈善信托的受托人应当对委托人拟交付的股权开展尽职调查，防止出现纠纷和风险，保障慈善信托目的的实现。

（一）确认股权的合法性

首先，要确定委托人拟交付信托的股权是委托人合法持有的财产。即应确认委托人是标的企业的合法股东。根据股权类型不同，采用不同的方式确认股权所有人。

1. 上市公司、公众公司股权

对于上市公司、非上市公众公司（如新三板挂牌企业）股权，由于现代证券市场已经实现了无纸化交易，证券交易中不再存在实物证券的交割。当投资者达成一笔证券买入交易，中国证券登记结算有限责任公司（以下简称“中国结算”）根据交易结果修改证券持有人名册后，投资者才能成为该证券法律意义上的持有人。因此，委托人以上市公司、非上市公众公司股权设立慈善信托的，可以通过中国结算查询股东资格及持股数量。

2. 有限责任公司股权

对于有限责任公司股权，公司法规定，有限责任公司成立后，应当向股东签发出资证明书。出资证明书应当载明下列事项：（一）公司名称；（二）公司成立日期；（三）公司注册资本；（四）股东的姓名或者名称、缴纳的出资额和出资日期；（五）出资证明书的编号和核发日期。出资证明书由公司盖章。公司法也规定，有限责任公司应当置备股东名册，记载下列事项：（一）股东的姓名或者名称及住所；（二）股东的出资额；（三）出资证明书编号。记载于股东名册的股东，可以依股东名册主张行使股东权利。此外，公司应当将股东的姓名或者名称向公司登记机关登记；登记事项发生变更的，应当办理变更登记。未经登记或者变更登记的，不得对抗第三人。发生股权转让时，公司应当注销原股东的出资证明书，向新股东签发出资证明书，并相应修改公司章程和股东名册中有关股东及其出资额的记载。因此，委托人以有限责任公司设立慈善信托的，可以通过查询公司章程、出资证明书、股东名册以及工商登记查询等方式，确认股东资格及持股数量。

3. 非上市股份公司股权

对于已经完成股改但仍未挂牌或上市股份有限公司，公司法规定，公司发行记名股票的，应当置备股东名册，记载下列事项：（一）股东的姓名或者名称及住所；（二）各股东所持股份数；（三）各股东所持股票的编号；（四）各股东取得股份的日期。记名股票转让后由公司将受让人的姓名或者名称及住所记载于股东名册。此外，股份有限公司章程记载发起人（而不是股东）的姓名或者名称、认购的股份数、出资方式和出资时间；股份有限公司的工商登记信息记载的也是发起人（而不是股东）的姓名或者名称。因此，委托人以非上市股份公司股权设立慈善信托的，主要通过查询公司股东名册确认股东资格和持股数量。

在确权过程中，除通过中登公司、工商登记、股东名册确认股东信息之外，还要通过查验委托人持有股权形成过程，包括投资协议、增资协议、股权转让协议、验资报告、资产清核报告等文件，确认委托人是否足额缴纳出资情况。

（二）确认委托人的处置权利

1. 委托人处置股权不受限制

公司法对股份有限公司股东转让股权有一定限制，发起人持有的本公司股份，自公司成立之日起一年内不得转让。公司公开发行股份前已发行的股份，自公司股票在证券交易所上市交易之日起一年内不得转让。公司董事、监事、高级管理人员应当向公司申报所持有的本公司的股份及其变动情况，在任职期间每年转让的股份不得超过其所持有本公司股份总数的百分之二十五；所持本公司股份自公司股票上市交易之日起一年内不得转让。上述人员离职后半年内，不得转让其所持有的本公司股份。公司章程可以对公司董事、监事、高级管理人员转让其所持有的本公司股份作出其他限制性规定。上市公司证券发行管理办法（2020 年修订）规定，上市公司非公开发行股票，自发行结束之日起，六个月内不得转让；控股股东、实际控制人及其控制的企业认购的股份，十八个月内不得转让。

因此，如果委托人是上市公司的发起人、实际控制人、高级管理人员，应根据公司法、上市公司证券发行管理办法规定以及公司章程的约定，检查委托人处置股权是否已不受限制。

2. 委托人交付股权已获得必要授权和批准

如委托人为自然人，拟设立信托的股权为夫妻共同财产的，需征得委托人配偶书面同意。委托人如为非自然人（如企业、慈善组织等机构）的，以持有股权设立慈善信托还应取得委托人有权决策机构同意。一般来说，机构章程及内部管理制度规定超过一定规模以上的投资、捐赠等事项须经股东会、董事会或理事会等机构决策通过。因此，机构委托人以大额股权设立慈善信托的，还应根据机构章程确认其已取得有权决策机构同意。

对于以有限责任公司股权设立慈善信托，还应经公司其他股东过半数同意。公司法规定，有限责任公司的股权转让，股东向股东以外的人转让股权，应当经其他股东过半数同意。股东应就其股权转让事项书面通知其他股东征求同意，其他股东自接到书面通知之日起满三十日未答复的，视为同意转让。公司章程对股权转让另有规定的，从其规定。因此，委托人以有限责任公司的股权设立慈善信托的，应确认公司章程中对此无限制，且委托人以股权设立慈善信托已书面通知其他股东征求同意。

3. 拟交付股权不存在被冻结、出质情形

股权出质影响慈善信托的实现。因此要求委托人持有的股权未有被人民法院冻结的情形，也未有被质押的情形。

（三）确定股权价值

1. 确定股权的交付价值

股权交付价值可以比照公益股权捐赠额的确定方法，以历史成本计量。根据财政部、国家税务总局《关于公益股权捐赠企业所得税政策问题的通知》（财税〔2016〕45号）规定，企业向公益性社会团体实施的股权捐赠，应按规定视同转让股权，股权转让收入额以企业所捐赠股权取得时的历史成本确定。企业实施股权捐赠后，以其股权历史成本为依据确定捐赠额，并依此按照企业所得税法有关规定在计算所得税前予以扣除。公益性社会团体接受股权捐赠后，应按照捐赠企业提供的股权历史成本开具捐赠票据。同时，为贯彻落实《中华人民共和国个人所得税法》及其实施条例有关规定，2019年底，财政部、税务总局发布《关于公益慈善事业捐赠个人所得税政策的公告》（财政部 税务总局公告2019年第99号），进一步明确个人以非货币类财产捐赠在计算应纳税所得额时的扣除标准。其中捐赠股权、房产的，按照个人持有股权、房产的财产原值确定。

2. 确定股权的公允价值

慈善信托持有股权，在信托的财务报表中应采用公允价值计量，对股权价值进行评估。对于上市公司股票，可直接根据公开交易价格确定股权价值。对于非上市公司股权，应采用一定的估值方法确定股权价值。股权估值方法主要有三类：第一类为资产基础法，也就是通过对目标企业的所有资产、负债进行逐项估值的方法，包括重置成本法和清算价值法；第二类为相对价值法，主要采用乘数方法，较为简单，如市盈率倍数法、市净率倍数法、市销率倍数法、EV/EBITDA评估法等；第三类为现金流贴现（DCF）法。针对不同类型、不同发展阶段的企业股权，选择的估值方法也不同。对于复杂的股权价值评估，可以由注册会计师对其进行审计和评估并出具相应报告，由律师对其财产合法性出具法律意见书。

二、股权交付

委托人以公司股权设立慈善信托，应办理股权交付，使慈善信托成为公司的新股东。可根据公司法及相关登记管理规定办理股权变更登记。

（一）有限责任公司的股权交付

转让股权后，公司应当注销原股东的出资证明书，向新股东签发出资证明书，并相应修改公司章程和股东名册中有关股东及其出资额的记载。对公司章程的该项修改不需再由股东会表决。同时，公司应当将股东的姓名或者名称向公司登记机关登记；登记事项发生变更的，应当办理登记变更。未经登记或者登记变更的，不得对抗第三人。因此，以有限责任公司股权设立的慈善信托，委托人应征求其他股东意见且经过半数股东同意，自变更之日起30日内向当地工商部门申请变更登记，受托人取得新股东的主体资格证明。

（二）非上市股份公司的股权交付

非上市股份公司的股权可以自由转让，无须取得其他股东同意。非上市股份公司股东变更不属于发起人姓名或名称变更，也无须申请变更登记。因此，以非上市股份公司股权设立慈善信托，应当进行股东名册变更登记，即由公司将受让人（慈善信托）的姓名或者名称及住所记载于股东名册的方式办理变更登记。

（三）上市公司、公众公司的股权交付

以上市公司股票设立慈善信托，应当于中国证券登记结算有限责任公司办理过户登记。我国股票过户方式可分为交易过户与非交易过户。股票交易过户是指通过股票买卖的形式使股票的所有权在出让人和受让人之间的过户，包括流通股交易过户、非流通股交易过户以及其他交易过户。非交易过户是非因买卖的原因而进行的过户。根据中国结算发布的《证券非交易过户业务实施细则》，股票、全国中小企业股份转让系统交易的非上市公众公司股份的非交易过户情形主要包括五类，分别为（一）继承所涉证券过户；（二）捐赠所涉证券过户，指向基金会捐赠所涉证券过户，且基金会是在民政部门登记并被认定为慈善组织的基金会（不含境外基金会代表机构）；（三）依法进行的财产分割所涉证券过户，

暂仅指离婚情形；（四）法人资格丧失所涉证券过户；（五）私募资产管理所涉证券过户；（六）中国证监会认定的其他情形。而以股票设立慈善信托，尚未被包含在非交易过户的情形中，因此仍需要按照证券登记规则、非上市公众公司股份登记存管业务实施细则（试行）等业务规则，以交易过户的方式在中国证券登记结算有限责任公司办理过户登记。

（四）涉及上市公司的特别要求

1. 配合上市公司履行信息披露义务

根据上市公司信息披露管理办法规定，发生可能对上市公司证券及其衍生品种交易价格产生较大影响的重大事件，投资者尚未得知时，上市公司应当立即披露，说明事件的起因、目前的状态和可能产生的影响。前款所称重大事件包括“任一股东所持公司百分之五以上股份被设定信托”。上市公司应当在有关各方就该重大事件签署意向书或者协议时及时履行重大事件的信息披露义务。同时，上市公司的股东、实际控制人应当主动告知上市公司董事会，并配合上市公司履行信息披露义务。因此，委托人将所持公司百分之五以上的上市公司股份设立慈善信托的，应当配合上市公司履行信息披露义务。

2. 充分关注信托治理机制对权益变动披露和要约收购的影响

根据《上市公司收购管理办法》规定，投资者及其一致行动人不是上市公司的第一大股东或者实际控制人，其拥有权益的股份达到或者超过该公司已发行股份的5%，但未达到20%的，应当编制简式权益变动报告书。投资者及其一致行动人拥有权益的股份达到或者超过一个上市公司已发行股份的20%但未超过30%的，应当编制详式权益变动报告书。收购人持有一个上市公司的股份达到该公司已发行股份的30%时，继续增持股份的，应当采取要约方式进行，发出全面要约或者部分要约。但下列情形收购人可以免于以要约方式增持股份：收购人与出让人能够证明本次股份转让是在同一实际控制人控制的不同主体之间进行，未导致上市公司的实际控制人发生变化。因此，委托人以上市公司股权设立慈善信托，应充分关注信托治理机制安排是否导致上市公司实际控制人变更，以及相应对上市公司权益变动披露和要约收购的影响。

三、如何进行股权管理

（一）慈善信托作为企业股东的权利

受托人以自己的名义管理慈善信托持有的股权，代表慈善信托行使对标的公司的股东权利。公司股东依法享有资产收益、参与重大决策和选择管理者等权利，有权查阅、复制公司章程、股东会会议记录、董事会会议决议、监事会会议决议和财务会计报告。在参与重大决策时，股东有权按照出资比例行使表决权（公司章程另有规定的除外），对公司经营的以下重大事项进行表决：（一）决定公司的经营方针和投资计划；（二）选举和更换非由职工代表担任的董事、监事，决定有关董事、监事的报酬事项；（三）审议批准董事会的报告；（四）审议批准监事会或者监事的报告；（五）审议批准公司的年度财务预算方案、决算方案；（六）审议批准公司的利润分配方案和弥补亏损方案；（七）对公司增加或者减少注册资本作出决议；（八）对发行公司债券作出决议；（九）对公司合并、分立、解散、清算或者变更公司形式作出决议；（十）修改公司章程；（十一）公司章程规定的其他职权。

（二）慈善信托作为公司股东的义务

（1）出资义务。股东应当按期足额缴纳公司章程中规定的各自所认缴的出资额。股东不按照前款规定缴纳出资的，除应当向公司足额缴纳外，还应当向已按期足额缴纳出资的股东承担违约责任。公司成立后，股东不得抽逃出资。有限责任公司的股东以其认缴的出资额为限对公司承担责任；股份有限公司的股东以其认购的股份为限对公司承担责任。

（2）参加股东会会议的义务。股东应当按照公司机构通知的时间、地点参加股东会会议，不能亲自参加时可以委托其他股东出席股东会会议并行使表决权。

（3）不干涉公司正常经营的义务。股东依据公司章程规定的关于股东会或股东大会的权限以及公司法规定的股东权利行使权利，应当尊重公司董事会和监事会依据公司法和公司章程各自履行自己的职责，不得干涉董事会、经理的正常经营管理活动，不得干涉监事会的正常工作。

（4）不得滥用股东权利的义务。公司股东应当遵守法律、行政法规和公司章程，依法行使股东权利，不得滥用股东权利损害公司或者其他股东的利益；不得滥用公司法人独立地位和股东有限责任损害公司债权人的利益。公司股东滥用股东权利给公司或者其他股东造成损失的，应当依法承担赔偿责任。公司股东滥用公司法人独立地位和股东有限责任，逃避债务，严重损害公司债权人利益的，应当对公司债务承担连带责任。

（三）慈善信托股权管理的主要方式

受托人可以根据委托人的意愿、慈善信托持有股权比例等因素，决定行使标的公司股东权利的方式。

1. 委托人保留对慈善信托的实际控制权

以鲁冠球三农扶志基金慈善信托为代表。委托人鲁伟鼎保留了对鲁冠球三农扶志基金的实际控制权，董事会保持了对持股标的万向三农集团的实际决策权，形成了长期稳定的运行机制和完备的内部治理机制。在慈善信托日常管理方面，董事会有权提议修改现有章程；决定慈善信托投资与运营管理的重大政策；审议、批准年度收支预算及决算；定期评估基金的运营状况；对议事规则进行修订；决定基金重要人事任命；决定其他重大事项。在万向三农的投资、运营、管理等方面，董事会决定万向三农的董事人选提名或委派；决定鲁冠球三农扶志基金作为万向三农股东参与表决的表决意见。在慈善资助方面，董事会决定基金慈善活动的方向和具体目标；审议、批准慈善秘书提交的年度工作报告；决定鲁冠球三农扶志基金资助对象和资助计划等。

2. 受托人在慈善信托重大事项方面保留自主决策权利

如果慈善信托持有标的公司股权比例有限，那么受托人可以主要保留持有股权所附属的分红、处置等权利，而把公司日常经营相关的其他权利授权给委托人代为行使。具体操作中，受托人可以自行表决增资减资、修改公司章程等股东大会特别决议事项，而将表决公司预算、决算方案等股东大会普通决议事项的权利授权委托人。如此，不仅提高了事务管理效率，也能保证慈善目的实现。此外，受托人行使对标的公司的股东权利时，也应当征求监察人意见。监察人对受托人管理和处置慈善信托财产、行使股东权利的行为履行监督职责。

四、如何实现慈善支出

（一）法律法规对慈善支出的要求

对于慈善信托的年度慈善支出，慈善法和慈善信托管理办法均没有具体的比例要求。慈善信托充分尊重委托人的自由意愿，在信托文件中约定年度慈善支出的比例或数额即可。因此，股权慈善信托的慈善支出可以灵活约定。需要考虑的是，设立慈善信托的首要目的是开展慈善活动。因此，设立信托时，委托人与受托人应当对慈善信托每年的慈善支出金额或比例作出约定，并遵守年度慈善支出的约定，以保障慈善目的的实现。为了实现股权信托永续运行，可以原则上以股权分红金额为限用于慈善支出。可根据慈善活动开展需要，约定从第 N 年起，每年不低于一定金额或比例。

（二）慈善支出资金来源

以股权财产设立慈善信托，每年慈善支出资金的第一来源便是股权的分红。非上市公司分红没有特别的法律法规要求。上市公司分红则有明确监管规定。根据《关于修改上市公司现金分红若干规定的决定》（2008 年证监会令第 57 号），上市公司应当在章程中明确现金分红政策，利润分配政策应保持连续性和稳定性。最近三年以现金方式累计分配的利润不少于最近三年实现的年均可分配利润的百分之三十。

如果股权分红这一首要资金来源并不稳定，可能无法达到信托文件约定的支出金额和比例时，受托人应当可以自主处置部分股权获得慈善资金，用于开展慈善活动。其中上市公司股权的流动性最高，处置也最为容易，可以通过证券交易所的证券交易卖出，也可以通过协议转让及法律、法规允许的其他方式减持股份。非上市股份公司股权也可以自由向股东以外的人转让。有限责任公司股权可以在公司股东内部自由转让；向股东以外的人转让时，则需经其他股东过半数同意。

（三）慈善信托处置上市公司股权的特别规定

慈善信托持有上市公司5%以上股份的，还应遵守上市公司股东减持股份的监管规定。

一是预先披露减持计划。根据《上市公司股东、董监高减持股份的若干规定》，上市公司控股股东和持股5%以上股东（以下统称大股东）通过证券交易所集中竞价交易减持股份，应当在首次卖出的15个交易日前向证券交易所报告并预先披露减持计划，由证券交易所予以备案。减持计划的内容应当包括但不限于：拟减持股份的数量、来源、减持时间区间、方式、价格区间、减持原因。减持时间区间应当符合证券交易所的规定。

二是披露减持进展。在预先披露的减持时间区间内，大股东应当按照证券交易所的规定披露减持进展情况。减持计划实施完毕后，大股东应当在两个交易日内向证券交易所报告，并予公告；在预先披露的减持时间区间内，未实施减持或者减持计划未实施完毕的，应当在减持时间区间届满后的两个交易日内向证券交易所报告，并予公告。

三是减持规模限制。上市公司大股东在3个月内通过证券交易所集中竞价交易减持股份的总数，不得超过公司股份总数的1%。

五、信托终止安排

（一）股权慈善信托终止情形

慈善信托管理办法规定，慈善信托的终止事由主要包括：（一）信托文件规定的终止事由出现；（二）信托的存续违反信托目的；（三）信托目的已经实现或者不能实现；（四）信托当事人协商同意；（五）信托被撤销；（六）信托被解除。

股权慈善信托往往以股权分红为首要慈善支出资金来源，慈善信托期限一般较长，充分发挥了慈善信托的灵活、持久等制度优势。然而，从长期来看，由于信托财产经营风险、相关的监管要求存在不确定性，因此有必要在信托文件中将终止事由进行细化约定，不仅有利于项目管理操作实践，也遵循股权慈善发展客观规律。

一是慈善信托持有的股权大幅减值的情形。如果标的公司的持续经营能力存疑，股权价值持续大幅下跌，即使受托人处置慈善信托持有的全部股权，也无法达到信托文件约定的慈善支出金额。这种情况下，慈善目的已无法实现，应当提前终止慈善信托。

二是慈善信托对持股公司 IPO 的影响。证监会对有信托计划持股的企业申请 IPO 持保留态度，未来上述监管要求也存在变化的可能。对此，如果标的公司为非上市公司，一方面，受托人在慈善信托的设立环节、后续管理环节都要严格合法合规操作；另一方面，也应在信托文件中将监管机构对解除信托持股的要求作为提前终止事项进行约定。

（二）股权慈善信托终止安排

慈善信托管理办法对慈善信托终止安排作出了明确的规定。自慈善信托终止事由发生之日起 15 日内，受托人应当将终止事由、日期、剩余信托财产处分方案和有关情况报告备案的民政部门。慈善信托终止的，受托人应当在 30 日内作出处理慈善信托事务的清算报告，向备案的民政部门报告后，由受托人予以公告。慈善信托若设置信托监察人，清算报告应事先经监察人认可。慈善信托终止，没有信托财产权利归属人或者信托财产权利归属人是不特定的社会公众，经备案的民政部门批准，受托人应当将信托财产用于与原慈善目的相近似的目的，或者将信托财产转移给具有近似目的的其他慈善信托或者慈善组织。

六、股权慈善信托税收问题

我国慈善法规定，慈善信托未按照规定将相关文件报民政部门备案的，不享受税收优惠。而慈善信托具体怎样享受税收优惠，目前政策尚未落实。实践中，股权慈善信托在股权交付、股权分红、股权处置等环节均涉及一定的税收。

（一）股权交付环节的税收

1. 股权交付的所得税

企业股权捐赠有明确的税收优惠政策。2016 年财政部、国家税务总局《关于公益股权捐赠企业所得税政策问题的通知》（财税〔2016〕45 号），明确企业向公益性社会团体实施的股权捐赠，视同转让股权，股权转让收入额以企业所捐赠股权取得时的历史成本确定。因此，企业捐赠股权不产生增值，无须缴纳企业所得税。

但是，委托人以股权设立慈善信托，在股权交付环节目前没有明确的税收优惠政策。股权非交易过户政策也不包含以股权设立慈善信托的情形。因此，以股权设立信托可能被要求以交易过户方式就股权增值部分缴纳企业所得税或个人所得税。

2. 委托人所得税税前抵扣

企业和个人慈善捐赠均可享受所得税税前抵扣政策。在抵扣股权价值确定方面，财税〔2016〕45 号规定，企业实施股权捐赠后，以其股权历史成本为依据确定捐赠额，并依此按照企业所得税法有关规定在所得税前予以扣除。《关于公益慈善事业捐赠个人所得税政策的公告》（财政部 税务总局公告 2019 年第 99 号），进一步明确个人以非货币类财产捐赠在计算应纳税所得额时的扣除标准。其中捐赠股权的，按照个人持有股权的财产原值确定。在实际操作中，捐赠人凭公益性社会组织、县级以上人民政府及其部门等国家机关开具的公益事业接受捐赠统一捐赠票据办理税前抵扣。

但是，以股权设立慈善信托，一方面受托人无法向委托人开具公益事业接受捐赠统一捐赠票据作为抵税凭证，另一方面委托人以股权设立慈善信托，在税法上尚未明确股权价值认定标准。因此，不论是自然人委托人还是机构委托人，均无法直接享受所得税税前抵扣的政策优惠。

3. 股权转让印花税

以股权设立慈善信托，涉及产权主体变更，根据《中华人民共和国印花税暂行条例》，应按照“产权转移书据”税目，按合同所载金额的万分之五贴花。同一凭证，由两方或者两方以上当事人签订并各执一份的，应当由各方就所执的一份各自全额贴花。《中华人民共和国印花税暂行条例》第四条第二款规定，财产所有人将财产赠给政府、社会福利单位、学校所立的书据，免纳印花税。此处的社会福利单位，是指抚养孤老伤残的社会福利单位。以股权设立慈善信托是否享受以上税收优惠政策尚未明确。

（二）股权分红的税收

1. 股权分红的所得税

根据《中华人民共和国企业所得税法》《中华人民共和国企业所得税法实施条例》规定，居民企业直接投资其他居民企业取得的股息、红利等权益性投资收益（不包括连续持有居民企业公开发行并上市流通的股票不足12个月取得的投资收益）为免税收入。慈善信托持有股权取得的股息、红利等权益性投资收益，也可以享受税收优惠，无须缴纳所得税。

2. 股权分红的增值税

2016年起，我国全面营业税改征增值税试点，建筑业、房地产业、金融业、生活服务业等全部营业税纳税人，纳入试点范围，由缴纳营业税改为缴纳增值税。《财政部、国家税务总局关于明确金融、房地产开发、教育辅助服务等增值税政策的通知》（财税〔2016〕140号）第一条规定，“销售服务、无形资产、不动产注释”，（财税〔2016〕36号）第一条第（五）项第1点所称“保本收益、报酬、资金占用费、补偿金”，是指合同中明确承诺到期本金可全部收回的投资收益。慈善信托取得的股息、分红等投资收益为非保本收益，不属于增值税征收范畴。

（三）处置股权的税收

1. 处置股权应缴纳印花税

慈善信托以转让方式处置股权的，涉及股权产权的转移。与股权交付相似，应根据《中华人民共和国印花税暂行条例》，按照“产权转移书据”税目，按合同所载金额的万分之五贴花。

2. 处置股权的增值税、所得税政策不明确

根据财税〔2016〕140号、财税〔2017〕2号、财税〔2017〕56号文件规定，从2018年1月1日起，资管产品运营过程中发生的增值税应税行为，以资管产品管理人为增值税纳税人。同时根据《财政部、国家税务总局关于全面推开营业税改征增值税试点的通知》（财税〔2016〕36号）附件2：《营业税改征增值税试点有关事项的规定》第1条第3项第3点规定，金融商品转让，按照卖出价扣除买入价后的余额为销售额。转让金融商品出现的正负差，按盈亏相抵后的余额为销售额。若相抵后出现负差，可结转下一纳税期与下期转让金融商品销售额相抵，但年末时仍出现负差的，不得转入下一个会计年度。但是，根据《关于规范金融机构资产管理业务的指导意见》，慈善信托并不属于资管产品；同时，股权是否属于金融商品并不明确，一般认为上市股票买卖归类为金融商品转让，而非上市股权转让则不属于金融商品转让范畴。因此，慈善信托处置股权是否要征增值税并未明确。同时，实践中慈善信托处置股权所得如何征收所得税也尚未明确。

第四节　股权慈善信托的问题及政策建议

自慈善法实施以来，我国股权慈善信托发展较为缓慢。截至2021年12月底，全国备案的760余单慈善信托中，股权慈善信托仅有2单，也

远远低于全国股权捐赠的数量和规模。为发挥信托制度优势，推动股权慈善信托发展，服务社会公众对公益慈善的多样需求，应尽快落实股权慈善信托的税收优惠、股权非交易过户、股权上市退出等政策支持。

一、股权慈善信托的问题与障碍

我国股权慈善信托的障碍主要是非货币信托财产非交易过户政策缺失和慈善信托税收优惠政策未予落实，使委托人以股权设立慈善信托面临巨大的经济成本。同时，以未上市企业股权设立慈善信托使得慈善信托成为企业股东后，作为“三类股东”对于企业上市的影响也存在较大不确定性，不利于股权增值和信托的永续运行。

（一）股权尚无法通过非交易方式过户

对于以上市公司、非上市公众公司的股票设立慈善信托，应当于中国证券登记结算有限责任公司办理过户，从而实现股权的交付。但是中国结算发布的《证券非交易过户业务实施细则》，股票、全国中小企业股份转让系统交易的非上市公众公司股份的非交易过户情形尚未包含以股权设立慈善信托的情形。对于以有限责任公司股权设立慈善信托，在修改公司章程和股东名册中有关股东及其出资额的记载的同时，也应办理工商变更登记，以实现公示效果，但是公司登记机关往往并不认可以信托合同办理工商变更登记，还需签订股权转让协议用于办理变更登记。实践中，非交易过户政策缺失是阻碍以股权设立慈善信托的重要因素。

（二）股权交付环节面临不公平税收待遇

股权持有人以股权设立慈善信托和进行股权捐赠相比，尽管两种方式都是以开展慈善活动为目的，但是享受的税收优惠政策却并不相同。尤其在股权交付环节，以股权设立慈善信托面临不公平的税收待遇，主要体现在股权交付的所得税。根据财税〔2016〕45号文件，企业向公益性社会团体实施的股权捐赠，视同转让股权，股权转让收入额以企业所捐赠股权取得时的历史成本确定。由于以历史成本确定捐赠额，企业捐赠股权不产生增值，因此无须缴纳企业所得税，而且还可以以股权历史成本确定的捐赠额享受企业所得税税前抵扣。财税〔2016〕45 号文件激发了我国股权捐赠的热情。而委托人以股权设立慈善信托，由于目前我国非交易过户政策体系不包含以股权设立信托的情形，也缺乏明确的税收优惠政策支持，因此在财产交付环节会被视同转让股权，并以股权交付时的公允价值确定转让收入并依此缴纳所得税。这对委托人以股权设立慈善信托带来沉重的纳税负担，打击了社会公众以股权设立慈善信托的热情，也阻碍了社会公众享受慈善信托这一新型慈善方式的权利。

（三）信托股东上市限制影响股权慈善信托长期永续

委托人在企业上市前以企业股权设立慈善信托，一旦企业上市慈善信托持有股权价值将有显著增值，可为慈善事业带来长期持续的资金支持。但是慈善信托持股的企业在申报 IPO 时，慈善信托作为证监会提出的“三类股东”之一，可能面临清退的要求。根据 2015 年证监会窗口指导，要求拟申报 IPO 的企业股东中有契约型私募基金、资产管理计划和信托计划的，按照证监会要求，其持有拟上市公司股票必须在申报前清理。根据上述窗口指导要求，慈善信托作为主体对企业进行股权投资的，在企业 IPO 申报前必须予以清退。由于慈善信托股东在企业上市前不得不清退，届时，慈善信托将不得不终止，影响股权慈善信托长期永续，慈善事业也无法分享股权长期增值所带来的利益。

二、推进股权慈善信托发展的政策建议

（一）尽快落实股权交付环节的慈善信托税收优惠政策

1. 比照慈善捐赠落实税收优惠政策

当前，股权慈善信托税收负担主要在股权交付环节，也是委托人对税收优惠政策需求最为迫切的环节。因此，建议首先落实股权慈善信托股权交付环节的税收优惠政策。一些观点认为，在当前信托税收制度尚未明晰的情况下，难以为慈善信托出台单独的税收优惠政策。事实上，

慈善信托与慈善捐赠虽然运用不同的法律原理，但在本质属性、运行机制、监督管理等方面具有相似之处。慈善信托的本质是一种慈善活动，是运用信托制度开展慈善活动的一种新型慈善方式，与慈善捐赠一样，其本质属性是慈善，是社会财富的单向转移。同时，慈善信托与慈善组织一样，受到民政部门的严格监管。尽管慈善信托与慈善组织有不同的运行规则和监管规则，但是慈善财产管理使用公开透明的监管要求是相似的。事实上，慈善信托备案、信息公开，都属于项目层面的监管要求，其运行透明的要求是显著高于慈善组织的。因此，根据税收公平原则，向慈善组织进行股权捐赠或以股权设立慈善信托，相关当事人应当享受与慈善捐赠相同的税收优惠待遇。由此，可比照股权捐赠的税收优惠政策，股权交付信托环节以股权的历史成本确定委托人的股权转让所得和捐赠额，使委托人享受税收优惠。

2. 可进行慈善信托的税前扣除资格认定

可将慈善信托税前扣除资格认定作为委托人享受所得税抵税优惠的前提。对此慈善捐赠的税前扣除操作实践可提供参考。慈善捐赠享受抵税优惠是有条件的，受赠的慈善组织需被认定为“公益性捐赠税前扣除资格”，持有该组织开具的捐赠票据的企业或个人才可享受税前抵扣优惠政策。对在民政部登记设立的社会组织，由民政部在登记注册环节会同财政部、国家税务总局对其公益性进行联合确认，对符合公益性社会团体条件的社会组织，财政部、国家税务总局、民政部联合发布公告，明确其公益性捐赠税前扣除资格。在省级和省级以下民政部门登记注册的社会组织，由省级和省级以下财政部门、税务部门、民政部门参照执行。为了使我国慈善信托有序发展，建议慈善信托也比照慈善组织进行“税前扣除资格”认定，税前扣除资格可由受托人所在地民政部门会同财政、税务部门联合确认，由上述部门在次年年初联合发布公告，明确慈善信托的税前扣除资格。

3. 委托人凭备案文件享受税收优惠政策

在认定慈善信托税前抵扣资格后，慈善信托委托人可以享受税前抵

扣优惠政策 。建议由委托人凭借慈善信托备案文件、慈善财产交付证明以及民政部门备案回执等材料，在年度纳税汇缴时进行抵税。这种做法不用赋予受托人开具捐赠票据的资格，省去了对受托人捐赠票据使用的监管工作。同时，在慈善信托备案环节，民政部门对慈善信托的目的、慈善目的实现方式、受益人选定方法和程序、每年用于慈善目的支出的数额或比例等要素进行仔细审核；后续运行环节，慈善信托受到监察人、政府、公众的多重监督，能够保障国家让渡税收利益是真正为了实现慈善目的。

（二）完善股权慈善信托的财产过户和登记制度

一是完善股权非交易过户政策。我国目前的非交易过户政策尚未包含以股权设立慈善信托的情形。与解决股权慈善信托税收优惠政策的思路相似，可比照股权捐赠给予股权慈善信托非交易过户政策。建议中国结算公司扩大股权非交易过户的适用情形，在继承、捐赠、依法进行的财产分割、法人资格丧失、私募资产管理等情形之外，增加以股权设立慈善信托的情形，可要求委托人和受托人凭信托文件、慈善信托备案回执、已在民政部提供的统一信息平台——全国慈善信息公开平台完成公示的证明材料等资料办理过户。

二是完善慈善信托股东的财产登记内容。信托财产登记是登记机构对信托财产的转移和信托的基本内容进行登记，其功能主要体现在两个方面：一是完成财产转移，使信托生效；二是财产公示，表明该财产已经成为信托财产，更好地体现信托财产的独立性，明确受托人身份，取得对抗善意第三人的效力。与一般财产登记相比，信托财产具有特殊性，受托人对信托财产的权利与普通财产权利人不同，受到信托条款和信托目的的约束，需要在登记内容中予以体现，达到公示目的。因此以股权作为信托财产的登记事项，除了登记委托人、受托人、信托财产、信托期限等基本信息以外，还应当登记信托目的和信托财产的管理方式，使第三人能够查询得知受托人处分信托财产是否违背信托目的，受托人处分信托财产的权利存在哪些限制。

（三）放开慈善信托作为股东的企业上市监管要求

随着科创板推出，证监会对“三类股东”投资上市公司的态度已从“严格禁止”变为“逐渐放开”。根据《首发业务若干问题解答（2019年3月25日）》，发行人在新三板挂牌期间形成契约性基金、信托计划、资产管理计划等“三类股东”的，满足相关要求并进行严格的信息核查和披露，符合条件的，不再要求全面穿透，也不需要还原股份。有关条件包括：（1）公司控股股东、实际控制人、第一大股东不属于“三类股东”；（2）发行人的“三类股东”依法设立并有效存续，已纳入国家金融监管部门有效监管，并已按照规定履行审批、备案或报告程序，其管理人也已依法注册登记；（3）控股股东、实际控制人，董事、监事、高级管理人员及其近亲属，本次发行的中介机构及其签字人员没有直接或间接在“三类股东”中持有权益等。未来，应继续推动该项政策的扩展运用，在股东类型方面扩展到慈善信托，在上市场所方面扩展到创业板、中小板、主板市场，从而为慈善信托持有股权提供畅通的上市退出渠道。

（四）完善股权慈善信托治理机制和管理规范

股权信托的长期性和股权管理的复杂性对受托人专业管理工作提出了更高的要求。因此，开展股权慈善信托，应当搭建科学合理的慈善信托治理机制，充分发挥信托制度优势，保障慈善目的的高效实现。在治理机制方面，应处理好委托人与受托人、委托人与监察人、受托人与监察人、受托人与项目执行人的关系以及受益人选定的决策机制。要充分尊重委托人在慈善信托中的自由意愿，也要对委托人的权利进行一定约束，如委托人不能随意解除慈善信托，也不能随意更换受托人，从而保障信托关系的稳定性。受托人为了委托人和受益人的利益管理慈善信托，由于慈善信托受益人的公益、不特定属性，要求受托人在管理慈善信托时应履行积极的管理责任。出现慈善信托按照决策规则选定的受益人与委托人存在利害关系等情形时，受托人享有一票否决的权利。受托人应当自己处理慈善信托事务，但经委托人同意或者有不得已事由的，可以根据需要委托他人代为处理信托事务，但受托人应尽足够的监督义务，并对他人处理慈善信托事务的行为承担责任。在股权慈善信托的具体管理方面，受托人还应平衡股权长期增值与即期慈善支出的要求、平衡委托人管理意愿和受托人的管理责任等要求。

第六章

股权投资相关的慈善活动

股权投资主要是指对未上市的公司进行权益性投资。股权投资相关的慈善活动，从目的层面上，包括为获得财务回报从而实现保值增值的慈善财产股权投资，即财务性投资，以及通过股权投资来实现慈善目的的慈善财产股权投资，即业务性投资；从主体上说，包括慈善组织进行股权投资，以及慈善信托进行股权投资。随着慈善财产保值增值需求的不断增加，慈善法和慈善组织保值增值管理暂行办法对股权投资类型及相应的风控要求的明确，为我国慈善财产的股权投资的发展奠定了重要制度基础。

股权投资具有投资期限长、流动性差，投后管理投入的资源较多、专业性较强、投资收益波动性较大的特点。除了创业投资基金，从不同国家和地区的平均和长期水平来看，股权投资的期望回报率要高于固定收益证券和证券投资基金，但其风险也相对较高。而我国慈善财产股权投资起步较晚，虽有个别组织进行了实践探索，但是整体在制度上和实操上都亟待完善。

从目前可以获取到的数据上来看，慈善财产股权投资多见于慈善组织财产进行的股权投资，按照不同的方式和架构又可以对其进一步细分。一般可分为财务性投资和业务性投资。财务性投资是指部分慈善组织开展股权投资的目的是进行财务性投资，以实现慈善资产的保值增值。

依据投资方式不同，慈善组织财务性股权投资大致分为如下几种类型：一是出资参与私募股权投资基金，部分慈善组织作为有限合伙人对有限合伙企业型的私募股权投资基金出资，或者作为参股股东对公司型的私募股权投资基金出资。这种方式下，慈善组织不参与私募股权投资基金的运营管理，财务上以成本法核算。此种方式在大型慈善组织中比较常见。二是设立全资或控股的投资管理公司，部分慈善组织以自有资金设立全资或控股的投资管理公司，通过投资管理公司开展对外投资行为。例如清华大学教育基金会下设的育泉资产管理有限公司（100%，占基金会资产0.53%）、启迪创业投资有限公司（51.22%，占基金会资产0.68%）。甚至有部分慈善组织将其大部分资金用于设立全资的投资管理公司，作为投资平台，统一对外开展投资行为。例如佛山市顺德区创新创业公益基金会下设的广东省和创孵化器有限公司（100%，占基金会资产52.24%），智善公益基金会下设的北京智善投资管理有限公司（100%，占基金会资产60.41%）。三是直接在被投资公司层面持有少数股权。部分慈善组织直接对被投资公司进行财务性股权投资，直接持有被投资公司的少数股权。

业务性投资一般被认为属于通过慈善财产投资进行的广义的慈善活动。通过采用金融工具和手段，替代传统的无偿捐赠或志愿服务，优势在于在某些领域可以吸引多种的资金来源，通过市场行为对资源进行有效分配。随着我国慈善创新的不断深入，目前采取此类投资的慈善组织日渐增多。部分慈善组织通过股权投资方式持有被投资公司全部或部分股权，股权投资的目的不是财务性投资，被投资公司的业务与慈善组织具有相关性。例如爱德基金会下设南京爱德发展有限公司，该公司投资和基金会业务相关的南京爱德印刷有限公司（一家现代化薄纸书刊印刷企业）、南京爱德食品有限公司（作为公益起家的国内首家为智障人士提供职业和庇护性就业的社会企业）等。清华大学教育基金会下设《清华管理评论》的主办方天德华创文化传媒（北京）有限公司（66.67%）、深圳市水木紫荆文化有限公司（100%）。慈善信托中的鲁冠球三农扶志基金慈善信托，通过三农领域的股权投资，来进一步实现乡村振兴等慈善目的。

第一节　慈善财产股权投资的发展基础

一、法律制度基础

（一）投资是慈善财产管理的典型形式之一

社会组织如何依法依规开展保值增值活动是广大社会组织非常关注的一个重要问题。在现行的三部有关社会组织的登记管理条例中，仅有《基金会管理条例》明确提出了保值增值的概念，但未就基金会如何开展保值增值活动作出更为具体的规定。

慈善法专门规定了慈善组织为实现财产保值增值进行投资的基本原则和相关要求。慈善法第五十四条规定：慈善组织为实现财产保值、增值进行投资的，应当遵循合法、安全、有效的原则，投资取得的收益应当全部用于慈善目的。慈善组织的重大投资方案应当经决策机构组成人员三分之二以上同意。政府资助的财产和捐赠协议约定不得投资的财产，不得用于投资。慈善组织的负责人和工作人员不得在慈善组织投资的企业兼职或者领取报酬。同时，授权国务院民政部门制定具体办法。

（二）股权投资符合投资保值增值规范的相关要求

为了贯彻落实慈善法，民政部在广泛征求各界意见，特别是财政部、人民银行、银保监会、证监会等金融监管部门意见的基础上，制订出台了《慈善组织保值增值投资管理暂行办法》（以下称《暂行办法》）。《暂行办法》共25条，系统规定了慈善组织的保值增值的基本原则，投资范围、模式及条件，投资决策运行、投资风险控制和监督管理等方面的内容。

《暂行办法》第四条规定：“慈善组织可以通过发起设立、并购、参股等方式直接进行股权投资。”《暂行办法》第六条对直接股权投资作了进一步说明：“慈善组织直接进行股权投资，被投资方的经营范围应当与慈善组织的宗旨和业务范围相关，慈善组织的负责人、工作人员不得在被投资企业兼职或领取报酬。”

除了被投资方的经营范围与慈善组织的宗旨和业务范围直接相关的情形，即开展扶贫济困、支持困难群体就业创业等慈善活动所需要进行的股权投资以外，慈善组织不得进行其他直接的股权投资。《暂行办法》公布的起草说明称，该规定既可减少慈善组织通过直接成立营利性企业进行利益输送的可能；也防止捐赠财产转变为长期股权后丧失了流动性，影响慈善活动支出。除此之外，股权投资的风险较大，专业性要求较高，非宗旨相关的企业的管理，可能耗费大量精力而且容易导致基金会的使命漂移。

2017 年 7 月，银监会、民政部联合发布的《慈善信托管理办法》，规定“慈善信托财产运用应当遵循合法、安全、有效的原则，可以运用于银行存款、政府债券、中央银行票据、金融债券和货币市场基金等低风险资产，但委托人和信托公司另有约定的除外”。据此，如果委托人和信托公司进行了明确约定，慈善信托财产就可以进行股权投资。

二、社会需求基础

（一）慈善财产保值增值需求

近年来，随着社会组织资产规模的不断扩大，社会组织特别是以基金会为代表的慈善组织开展保值增值活动的需求日益增长，通过保值增值活动取得的投资收益正在逐渐成为一类重要的收入来源。但现有的法律制度安排已经难以适应发展的需要。

对捐赠财产进行保值，保证资本金的购买力不受侵蚀，保证慈善组织业务可持续发展是进行资产管理的第二层需求。对捐赠财产进行保值是保证捐赠财产安全性的必要补充条件，也是所有具备一定规模存量资产的慈善组织面临的重大挑战。慈善组织具备自身“造血”能力，可以一定程度上降低外部捐赠收入依赖性，更好地履行对社会公众承诺的捐赠义务，实现慈善组织的可持续发展。如何获得持续性的基金来源，采取多样的基金增值方式，获得稳健的收益，已经成为国内慈善组织发展过程的重要课题。

慈善组织进行股权投资，当被投企业经营良好时，不但能够产生分红，而且随着股权价值的不断增加，慈善组织资产也不断增加，股权红利、股息或股权转让收入也将长期为慈善组织提供现金流。

（二）慈善项目可持续性需求

慈善组织的慈善项目运作模式从过往单纯的资金捐赠向多元化、可持续模式发展和过渡。

对于一些资助型慈善组织而言，通过投资的方式来支持某些项目，可以对被支持项目形成更多的激励，促使被支持机构形成可持续的自我造血的发展模式。比如，某些环保型基金会，通过投资生计发展类的企业或者社会企业，解决生态保护地区周边居民的生计替代问题，从而改变过往通过单纯消耗自然资源生产方式，最终实现生态保护的目的。比如有的基金会业务宗旨是支持创业创新、产业扶贫等活动，股权投资可能本身就是基金会实现其宗旨和目标的较佳手段。

对于一些运作型慈善组织而言，其自主运作的慈善项目本身具有一定的经营性的特点，比如其提供的产品或者服务的对象具有一定的付费能力和意愿，慈善组织可以在该项目中获取一定的对价，项目通过独立的公司来运作更为便利或者更有利于慈善组织隔离经营风险；或者有的项目发展到一定的阶段，已经完全达到了商业化规模化的阶段，通过营利性的架构，以及吸引投资的方式能够更好地发展此类项目，或者是仅有公司能够获取相关业务的法定资质。在这种情况下，有的慈善组织就会将这类项目从慈善组织内部剥离出来，通过慈善组织持股的方式来独立运作。比如，一些针对困难人群的小额信贷就会以独立的公司的形式来运作。

第二节 慈善财产股权投资的发展现状

一、我国慈善财产股权投资探索历程

我国与基金会等慈善组织的投资有关的法律、行政法规、部门规章主要包括：《中华人民共和国公益事业捐赠法》《基金会管理条例》《关于规范基金会行为的若干规定（试行）》《中华人民共和国慈善法》《慈善信托管理办法》《慈善组织保值增值投资活动管理暂行办法》等。相关的还有《证券期货投资者适当性管理办法》（证监会）。最早发布的《基金会管理办法》（国务院）和《关于进一步加强基金会管理的通知》（中国人民银行）已失效。

上述法律法规对于股权投资规定的发展，体现了我国慈善财产参与股权投资从默认到明示到正式起步探索的各个阶段。

（一）从默许到明示

1988年国务院发布《基金会管理办法》，对基金会投资进行比较细的规定。第六条规定：基金会不得经营管理企业。第七条规定：基金会可以将资金存入金融机构收取利息，也可以购买债券、股票等有价证券，但购买某个企业的股票额不得超过该企业股票总额的20%。

2004年，在《基金会管理条例》实施后，不再对投资领域进行规定，只在第二十八条规定：基金会应当按照合法、安全、有效的原则实现基金的保值、增值。

2012年7月民政部发布《关于规范基金会行为的若干规定（试行）》，其中第二条第五款要求：不得向个人、企业直接提供与公益活动无关的借款。截至目前，各法规对于基金会投资的相关规定都是非常宽泛的。

上述法律法规均没有明确基金会可以开展股权投资，但是也没有不可以进行股权投资的相关规定。根据法无禁止即可为的原则，部分基金会开展了股权投资，并在年报中进行了披露。但也是因为没有明确规定可以从事股权投资，部分地区监管部门对慈善组织从事这项活动实质上是禁止的。

慈善法第五十四条规定慈善组织为实现财产保值、增值进行投资的，应当遵循合法、安全、有效的原则。同时授权国务院民政部门制定具体办法。

2018 年 10 月 30 日，民政部颁布《慈善组织保值增值投资活动管理暂行办法》（以下简称《暂行办法》），对慈善资产投资方式和投资范围做了明确的指导性规定。

《暂行办法》第四条规定慈善组织开展投资活动有三种方式：一是直接购买银行、信托、证券、基金、期货、保险资产管理机构、金融资产投资公司等金融机构发行的资产管理产品；二是通过发起设立、并购、参股等方式直接进行股权投资；三是将财产委托给受金融监督管理部门监管的机构进行投资。至此，规章终于对慈善组织可以开展股权投资活动予以明确。

《暂行办法》第六条对三类情形的投资行为作了进一步的规定：一是慈善组织在投资资产管理产品时，应当审慎选择，购买与本组织风险识别能力和风险承担能力相匹配的产品；二是慈善组织直接进行股权投资的，被投资方的经营范围应当与慈善组织的宗旨和业务范围相关；三是慈善组织开展委托投资的，应当选择我国境内有资质从事投资管理业务，且管理审慎、信誉较高的机构。

《暂行办法》第七条设定了慈善组织禁入的八个领域：直接买卖股票；直接购买商品及金融衍生品类产品；投资人身保险产品；以投资名义向个人、企业提供借款；不符合国家产业政策的投资；可能使本组织承担无限责任的投资；违背本组织宗旨、可能损害信誉的投资；非法集资等国家法律法规禁止的其他活动。

自《暂行办法》出台后，有关部门又陆续出台了一系列相关规章，慈善组织积极开展了对股权投资的探索实践。

（二）起步探索阶段

在慈善组织财产层面，根据慈善组织前五年的长期股权投资的财务数据分析，慈善组织虽然在《暂行办法》出台前就开始了股权投资，但是整个行业依旧处于起步探索阶段。慈善组织股权投资的整体情况体现出如下特点：

2019 年开展股权投资的慈善组织数量呈缓慢上升趋势。据不完全统计①，截至 2019 年年底我国有 381 家慈善组织开展股权投资，较上年度上涨 17.23%，占截至 2019 年登记慈善信托数量的 5.08%。从 2017—2019 年这三年趋势看，开展股权投资的慈善组织数量缓慢上升（见图 1）。

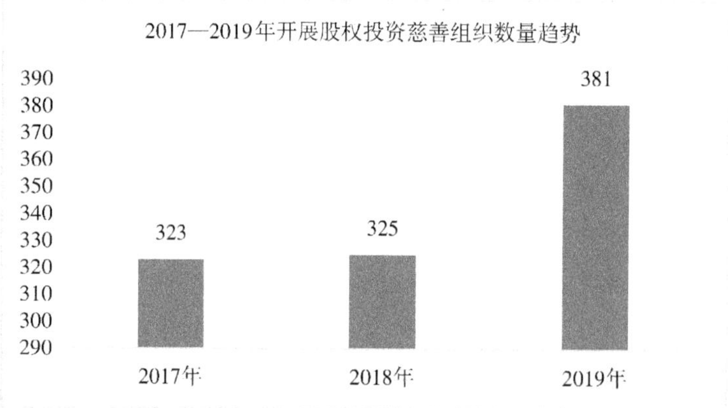

图 1　2017—2019 年开展股权投资慈善组织数量趋势

东部地区开展股权投资更为活跃。登记省市角度，2019 年开展了股权投资的慈善组织中有 64.04%登记地在东部地区，其次为中部地区，占比 14.7%，民政部登记慈善组织占比 12.07%，西部地区登记慈善组织占比 9.19%（见图 2）。

① 根据慈善组织公开的年度财务报告汇总统计。

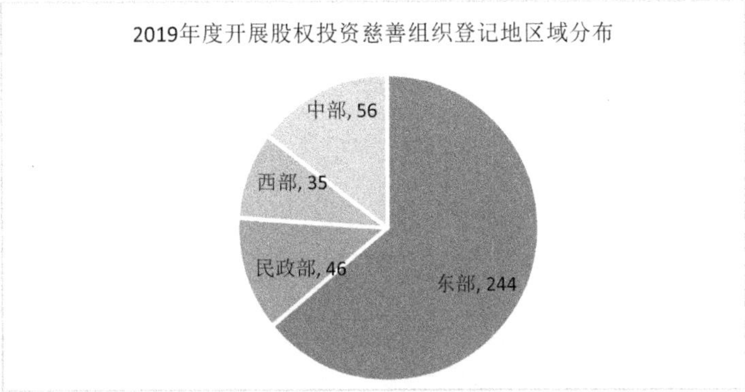

图 2　2019 年开展股权投资慈善组织登记地区域分布

从发展趋势看，东部地区开展股权投资的慈善组织数量逐年稳步增长，2018 年增速变缓（见图 3）。

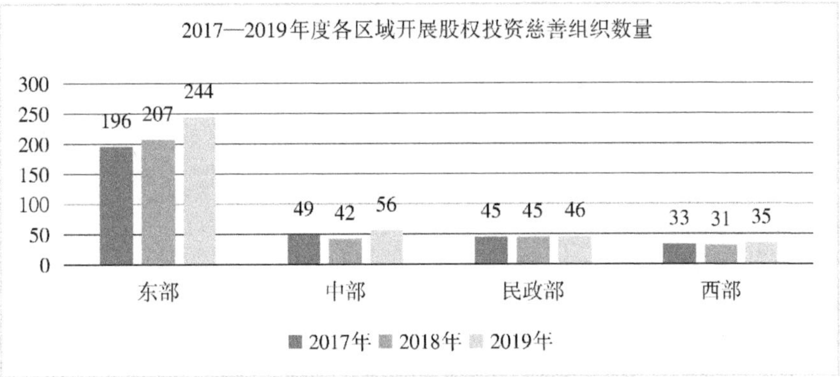

图 3　2017—2019 年各区域开展股权投资慈善组织数量

2017—2019 年各区域开展股权投资慈善组织增长情况

登记地区域	2017 年	2018 年	2019 年
东部	15.29%	5.61%	17.87%
中部	13.95%	-14.29%	33.33%
民政部	2.27%	0.00%	2.22%
西部	3.13%	-6.06%	12.90%

在开展股权投资的慈善组织中，民政部和北京市民政局注册的数量最多。2019 年民政部和北京市开展股权投资的慈善组织数量各自占比 12.07%，其次为浙江省，占比 9.97%，详见下图。

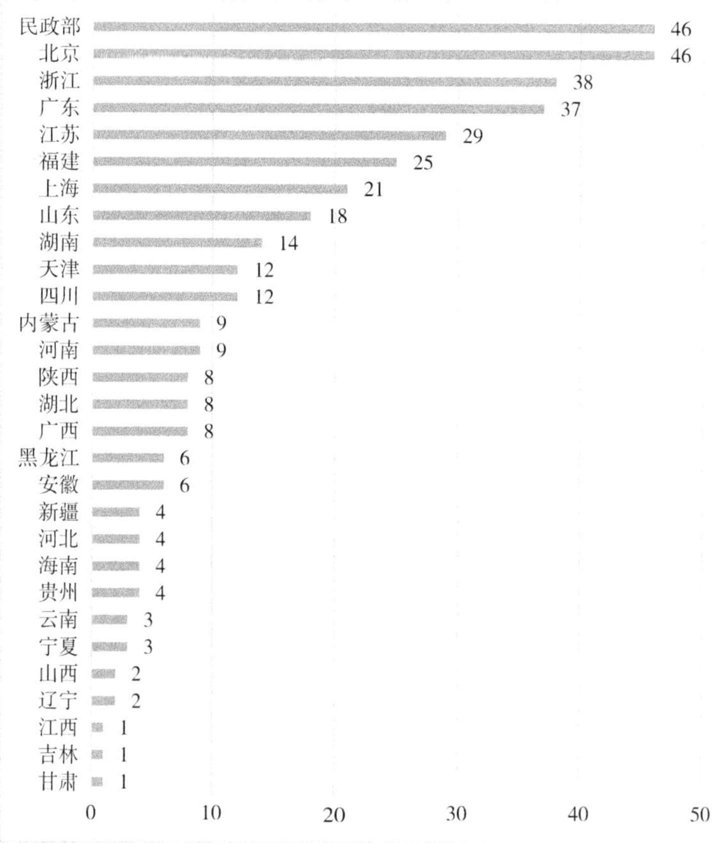

图 4　2019 年开展股权投资的慈善组织的数量

过半股权投资金额来源于民政部登记的慈善组织。2019 年民政部登记的慈善组织长期股权投资金额占总额的 53%，其次为东部地区登记的慈善组织，占比 39%，西部地区投资金额最少（见图 5）。

从发展趋势看，除中部区域外，其他区域长期股权投资金额逐年增长。

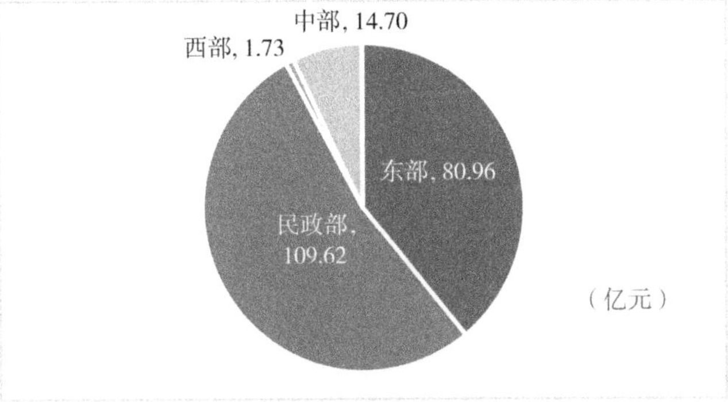

图 5　2019 年各区域慈善组织长期股权投资金额

图 6　2017—2019 年度各区域长期股权投资金额（亿元）

投资金额分布不均衡。2019 年度各登记地慈善组织投资金额见图 7：

部级慈善组织的资金规模相对较大，规模越大的基金会投资于股权投资的资产占比越大。首先因基数大，较低的货币资金占比也可满足慈善项目和管理活动的需求，其次规模越大的基金会有着越多的股权投资入场券。大部分部级慈善组织集中在东部地区，东部地区集中了更多的金融机构和人才，有更多的投资机会和条件，活跃的投资环境促使慈善组织更积极地开展各种投资活动，也更愿意尝试股权投资。

开展股权投资慈善组织中更多不具有公开募捐资格。2019 年开展股

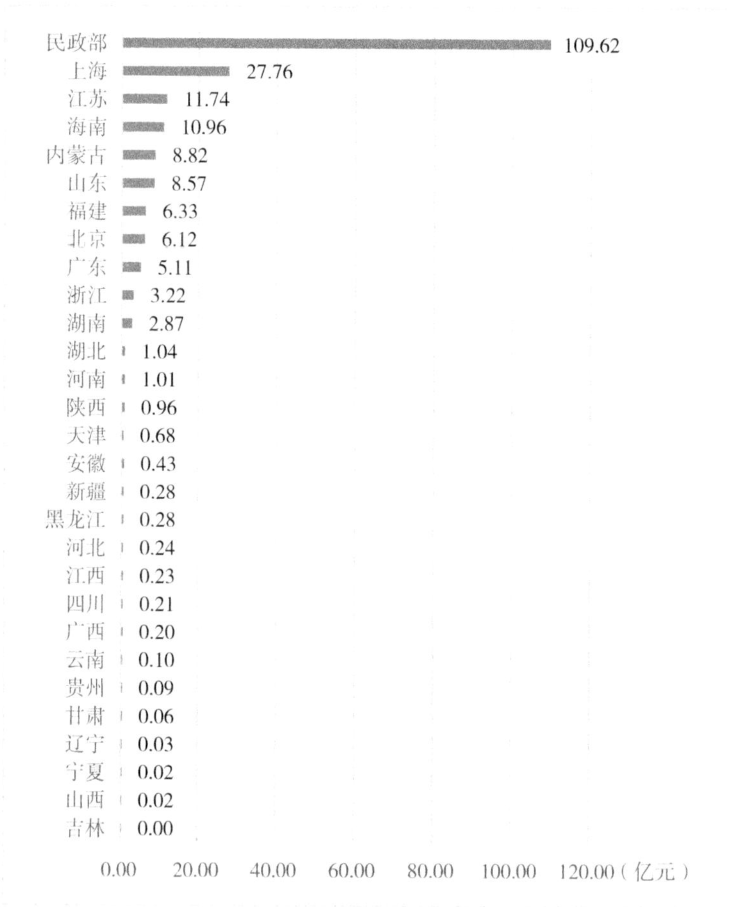

图 7　2019 年开展长期股权投资的慈善组织的数量

权投资的慈善组织中，63%不具有公开募捐资格，只有 37%的慈善组织具有公开募捐资格（见图 8）。

从投资金额方面也可以得出同样的结论（见图 9）。

很多不具有公开募捐资格的慈善组织有企业背景，有较多的专业投资人才，对于慈善支出的限定较小，有更多的投资条件和意愿。

开展股权投资慈善组织中一成为大学教育基金会。2019 年开展了股权投资的慈善组织中有 15. 22%为大学教育基金会。大学教育基金会的投资方向一般直接参与学校发展项目或多围绕校友资源展开，比如中

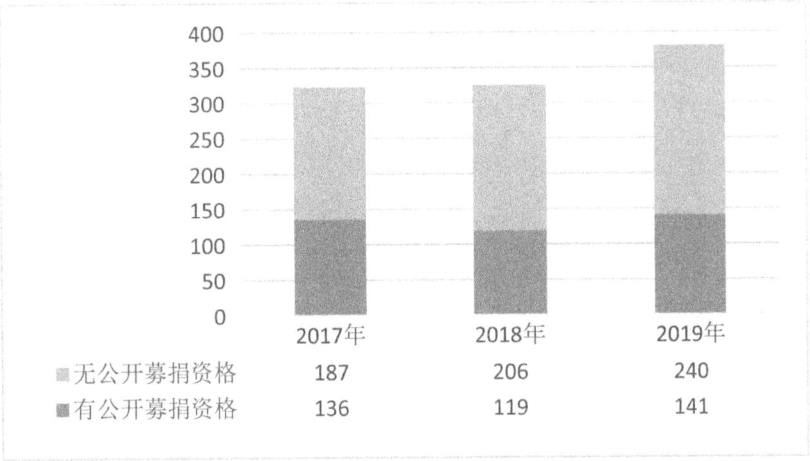

图 8　2017—2019 年开展长期股权投资的慈善组织数量分布

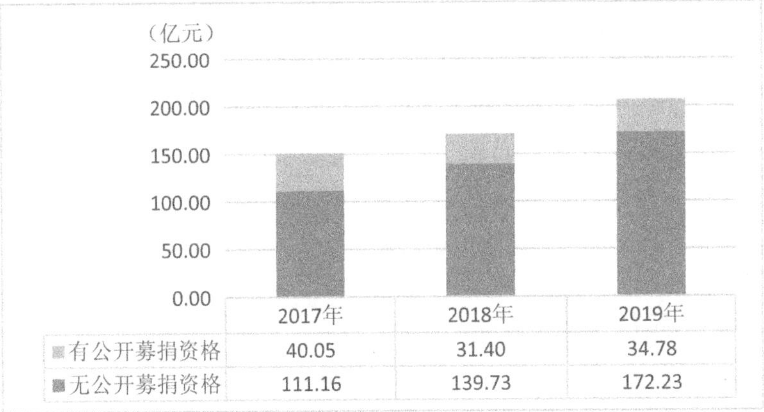

图 9　2017—2019 年开展长期股权投资的慈善组织金额分布

央财经大学教育基金会 2011 年出资 150 万元投资北京国酝堂经贸有限公司，该公司前总经理冯本智是该校 1983 级校友，公司现任董事长蓝逢辉也毕业于中央财经大学。也有大学教育基金会投资于学生的创业项目或者学校老师的科研项目成果转化，支持创业创新项目的开展和发展。有些投资活动实现了基金股权投资与专项捐赠项目及学生实习培养等活动的联动，更好地服务于基金会的使命。

越来越多的慈善组织参与影响力投资及公益创投。慈善组织通过投资社会企业，获取社会企业的股权开展影响力投资。通过以影响力为导向的综合性投资，支持具有高成长性的社会企业快速发展，产出规模化的社会影响力，实现慈善组织吸引更多社会力量“向善”汇聚。

投资方式多样。越来越多的慈善组织通过私募基金间接投资到标的公司，在这种投资方式下，慈善组织在工商上不作为被投资标的的股东，对外披露信息上也只显示被投资方为私募基金，因为私募基金在择股、分散风险等方面具有专业优势，越来越多的慈善组织选择这种投资方式。

资金规模较大和投资管理能力较强的慈善组织自己设立投资管理公司，对慈善组织的投资进行全面的管理，常见于大学教育基金会，如清华大学教育基金会的持股实体育泉资产管理有限责任公司。也有慈善组织通过投资管理公司投资公益创投，实现慈善目的。在间接投资方式下，被投资方的投资行为不在披露范围，不易被监管部门监管，底层投资行为与慈善目的的相关性无法确定。

二、我国相关案例

（一）爱佑慈善基金会

爱佑慈善基金会（5A 级基金会）创立于 2004 年，经过十余年的探索与发展，爱佑形成了儿童医疗、儿童福利和公益创投三大项目矩阵。

爱佑慈善基金会股权投资概况

（单位：元）

序号	实体名称	设立时间	法定代表人	工商登记类型	被投资实体注册资金	认缴注册资金	本组织出资额	持股比例	投资资产占本组织总资产比例	与本组织的关系	核算方法
1	佳信德润（北京）科技有限公司	2011/11/28	易　昕	有限责任公司	1247085	70585	3000000	5.66%	0.48%	重大影响	权益法
2	宁波梅山保税港区爱佑益创财务咨询有限公司	2017-07-11	丛志刚	有限责任公司	5000000	4950000	150000	0	0	控制	权益法
3	北京享阅教育科技有限公司	2016-09-22	赵梓淳	有限责任公司	1971272	19315	1000000	0.98%	0.16%	非控制	成本法
4	北京弘益文化有限公司	2019-02-13	宋厚亮	有限责任公司	1428571	214286	1500000	15.00%	0.24%	非控制	成本法
5	南京源恒股权投资管理合伙企业（有限合伙）	2019-10-14	北京源芯管理咨询有限公司（委派代曹毅）	合伙企业	1481000000	20000000	10000000	1.52%	1.59%	非控制	成本法

序号	期初余额	本期增加	本期减少	期末余额
1	2942764.93	0	0	2942764.93
2	141267.95	0	141267.95	0
3	1000000	0	0	1000000
4	0	1500000	0	1500000
5	0	10000000	0	10000000

1. 投资情况

据爱佑慈善基金会2019年年报披露，2019年末基金会资产总额62917.33万元，长期股权投资1544.28万元，共持有4项股权投资。

被投资单位佳信德润（北京）科技有限公司，出资300万元，2019年期末余额294.28万元，持股5.66%，虽然持股比例不高，但基金会派驻了一名董事，对该企业的财务和经营政策有参与决策和施加重大影响的权利，该公司旗下主要品牌为灵析，是一个专注服务非营利机构的联系人管理工具，致力于通过创新设计、技术与数据力量，帮助公益组织解决筹款、传播、活动与数据管理等方方面面的问题。

被投资单位北京享阅教育科技有限公司，出资额100万元，持股0.98%，旗下主要产品是考拉阅读，是一个K12分级阅读品牌。

被投资单位北京弘益文化有限公司，出资额150万元，持股15%，旗下主要产品是天行之书，是一个原创公益内容的出版阅读服务平台。

被投资单位南京源恒股权投资管理合伙企业（有限合伙），持股1.52%，基金会于2019年与源码资本、红杉资本等机构合作设立了南京源恒股权投资管理合伙企业（有限合伙），该只基金通过投资其他基金最终投资到了一家致力于开发智能机器人的公司。

爱佑慈善基金会2019年股权投资较2018年增加了1135.87万元，主要有三个原因：（1）2019年初被投资方宁波爱佑财务咨询公司注销，2017年爱佑慈善基金会出资15万元设立宁波梅山保税港区爱佑益创财务咨询有限公司（以下简称“宁波爱佑财务咨询公司”），持股100%，宁波梅山保税港区爱佑益创财务咨询有限公司持股宁波爱佑影响力投资合伙人企业（有限合伙）1%股权。宁波爱佑财务咨询公司于2018年7月30日注销，2018年年报披露持有该公司的股权余额14.13万元，2019年减为零。（2）2018年12月19日投资北京享阅教育科技有限公司，投资额100万元，持股0.98%。（3）2019年10月24日，爱佑慈善基金会投资南京源恒股权投资管理合伙企业（有限合伙），出资额

1000 万元，持股 1.52%。

2. 股权投资特点分析

经过分析，爱佑慈善基金会开展股权投资工作有如下特点：

第一，规模占比低。从 2019 年末财务数据看，2019 年 12 月 31 日长期股权投资占资产总额比为 2.45%，同时期短期投资的资产总额占比 93.6%，股权投资规模相对较小。

第二，所投资企业具有较高的社会价值或主要服务于非营利领域。

第三，致力于开展影响力投资，立意明确，敢于创新，理事长有深厚的相关投资背景，有长期开展、完善这项工作的可能性。

（二）清华大学教育基金会

清华大学教育基金会（以下简称“清华基金会”）成立于 1994 年，是新中国成立后最早成立的大学教育基金会。

1. 投资情况

2019 年末资产总额 9391024310.17 元，长期股权投资金额 5668827850.33 元，股权投资的资产占比 60.36%，共持股 61 个投资项目。

一直以来，清华基金会都很重视慈善财产的保值增值，尤其注重发展股权投资，在其制定的投资策略中坚持安全、积极、稳健的投资原则，另外追求中长期的配置收益。其长期投资主要为股权投资，遵循跨地域、跨行业、跨阶段的分散型投资原则，除了境内的投资，也开展境外投资，比如黑石控股合伙有限公司、凯辉北美基金等。

在股权投资规模方面，清华基金会的股权投资金额逐年增长，占资产总额的比例也逐年增加。①

在股权投资收益方面，由于股权投资收益的获取有一定的周期性，与被投资方的分红和退出有直接关系，所以单纯从投资收益数据方面看

---

① 数据为年度财报 2019 年 12 月 31 日时点数据。

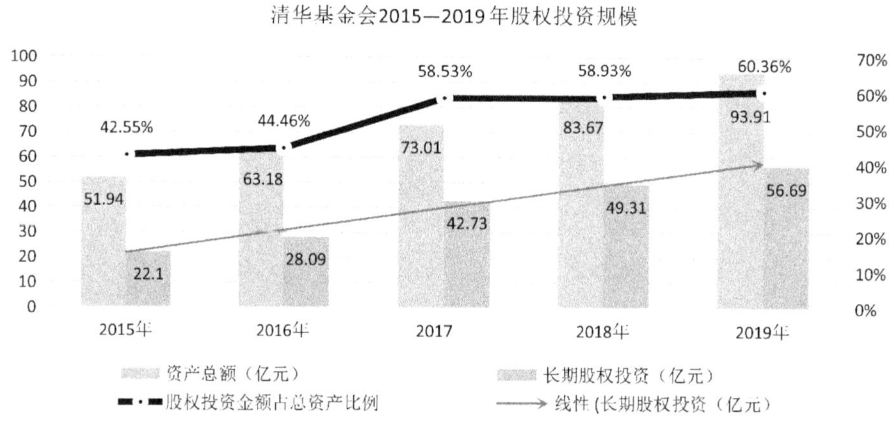

图 10 清华基金会 2015—2019 年股权投资规模

并没有规律性的趋势。从 5 年的平均情况看，股权投资占投资总额的 64.92%，股权投资收益占投资收益总额的 27.26%，股权投资的收益贡献低于其他投资。

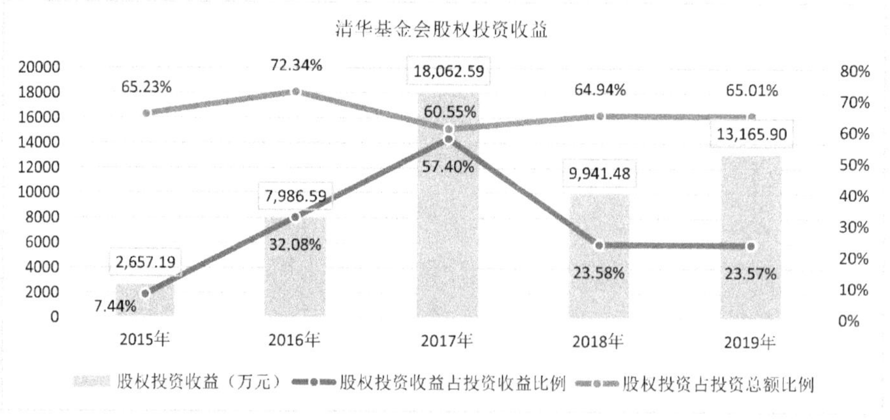

图 11 2015—2019 年清华基金会股权投资收益

清华基金会的股权投资有 FOF（母基金投资）和直接股权投资。FOF 投资时间很长，风险不低，有机会获得超额收益。目前基金会出资的基金里已上市的公司有 40 多家，申报的有十几家，正在准备申报的 30

家左右[1]，这预期会为清华基金会带来较为丰厚的回报。清华基金会的投资管理团队在选择基金管理人时主要看两类，一类是头部管理人，另一类是对特定领域有深入洞见的管理人[2]。

直接股权投资部分，清华基金会做得也比较有特色。投资的主要领域集中在高科技、文化发展等方面。比如对综艺超导科技有限公司的投资，2019 年末余额 955 万元，持股 13.55%，综艺超导科技有限公司是继美国之后国内唯一实现超导薄膜材料和超导滤波器工程化实施和规模商业应用的高新技术企业，是清华大学与综艺股份等多家股东共同投资创立的超导技术产业化平台。华清农业开发有限公司，2019 年末余额 2000 万元，持股 8.5%，该公司是由清华大学牵头发起成立的致力于盐碱地及各类边际土地大规模改良和综合利用的高科技企业。文津时代文化创意（北京）股份有限公司，2019 年末余额 1000 万元，持股 10%，文津时代是一家影视制作服务提供商，主要从事影视制作服务，同时经营影视发行、动画片制作发行、综艺节目制作以及文化艺术演出活动组织策划业务，致力于为用户提供娱乐休闲体验。直投中有些投资标的是清华大学学生的创业项目，也有清华大学教授的科技成果转化项目，比如 2020 年刚刚上市的氢能源第一股北京亿华通科技股份有限公司，为清华大学欧阳明高教授的科技成果转化项目[3]。

2. 特点总结

（1）股权投资项目多，2019 年审计报告披露长期股权投资项目多达 61 项，投资的目的不同、类型不同、性质不同，通过股权投资实现基金会的慈善目的，同时尝试不同的投资类型，勇于尝试，分散风险，实现更多的投资收益。

（2）直投项目有清华大学的创业项目以及科技成果转化项目。

---

①②③ 袁桅．中国高校基金会的特色与探索［EB/OL］．https://www.sohu.com/a/420018481_120866873.

（三）股权慈善信托

鲁冠球三农扶志基金慈善信托在诸多方面开创了慈善信托、上市公司股权信托的先河。该信托的财产和收益全部用于发展三农事业和开展慈善活动。万向三农集团由鲁冠球和鲁伟鼎于2000年出资6亿元创立，是万向服务于“三农”的农业产业集团。

经资产评估，以2020年6月末为基准日，鲁冠球三农扶志基金慈善信托所持有的股权价值已达141.71亿元，加之该慈善信托项下的现金及金融资产，该慈善信托的资产规模总计达141.79亿元，是目前国内资产规模最大的慈善信托，也是首个资产规模超过百亿的慈善信托。①

鲁冠球三农扶志基金慈善信托通过万向三农集团完成费用支付和慈善项目资助。从基金官网披露的2018年专项审计报告获悉，信托2018年发生的财务顾问费、律师费、差旅费等费用由万向信托股份有限公司汇入后再由鲁冠球三农扶志基金最终对外支付。

2019年，万向三农集团实现营业收入59.91亿元，净利润8.69亿元，持续为鲁冠球三农扶志基金创造价值。截至慈善信托成立两周年时，持续开展“四个一万工程”，对全国21个省（自治区、直辖市）222个县（区）的孤儿、残疾儿童、特困学生和孤寡老人提供资助；支持“十万强”活动；奖励浙江农业技术推广项目优秀农技工作者；扶助萧山生活困难群众；资助宁围街道中小学助教助学；扶持经济落后村镇发展。已累计通过万向三农集团对外资助4640.90万元②。

该慈善信托通过万向三农集团有限公司开展对外投资并发展相关产业，通过影响力投资，带动就业增加、农民增收、环境改善。

---

① 鲁冠球三农扶志基金慈善信托资产规模达141.79亿元．［EB/OL］．http：//www.lgqtrust.com/news/details/101.html.

② 永守初心 扶助三农——鲁冠球三农扶志基金成立两周年．［EB/OL］．http：//www.luguanqiutrust.com/news/details/100.html.

第三节　慈善财产股权投资的问题与障碍

一、现行制度过于原则

目前相关部门还未针对慈善信托财产的股权投资进行专门规定，公开的相应的实践也很少。而现行法律法规对慈善组织财产的股权投资的专门规定非常原则，仅涉及直接股权投资的标的与业务宗旨相关的要求，也没有对相关概念进行进一步的界定，导致慈善组织在实践中对如何适用相关条款产生了不同的理解。

（一）对私募股权投资基金的投资如何定性归类

如上所分析，部分慈善组织以有限合伙人或参股股东的名义出资参与私募股权投资基金。

私募股权投资基金的组织形式往往是有限合伙企业或公司。对有限合伙企业或公司的出资行为，外在法律形式是股权投资。因此部分慈善组织将此类投资行为归入年度工作报告“持有股权的实体情况”栏目披露，如清华大学教育基金会。

但参与投资私募股权投资基金的目的本质上还是通过被动投资获取投资收益，而且投资人不参与被投资公司或有限合伙企业的经营管理，与字面意义上“持有股权的实体”存在差异。因此部分慈善组织将此类投资行为放入“其他投资情况”栏目披露，如北京大学教育基金会。

（二）财务性投资的股权投资行为如何解决相关性问题

根据《慈善组织保值增值投资活动管理暂行办法》（以下简称《办法》），慈善组织直接进行股权投资的，被投资方的经营范围应当与慈善组织的宗旨和业务范围相关。如何理解“被投资方的经营范围与慈善组织的宗旨和业务范围相关”？

如上面所总结，慈善组织开展股权投资，部分是以获取投资收益为目的的财务性投资。这类投资本身就是纯粹的商业性行为，如何认定其与慈善组织的宗旨和业务范围的相关性？具体而言，慈善组织通过私募股权投资基金或慈善组织自己设立的投资管理公司开展股权投资，私募股权投资基金、投资管理公司的经营范围是否与慈善组织的宗旨和业务范围具有相关性？另外，慈善组织（比如高校基金会）直接投资到从事科技类或实业经营类的被投资公司，其业务范围与慈善组织的宗旨和业务范围相关性如何认定？

如果要求慈善组织开展的财务性股权投资严格遵守相关性要求，会对慈善组织开展财务性股权投资的方式和被投资公司的范围构成限制性影响。

（三）被投资公司从事《办法》中禁止慈善组织开展的行为如何处理

根据《办法》，慈善组织不得进行八类投资活动。慈善组织股权投资的被投资企业是否应当遵守上述规定？尤其是慈善组织全资或控股设立的投资管理公司，能否进行上述规定中禁止的“买卖股票”“购买商品及金融衍生品类产品”“向个人、企业提供借款”等投资活动？

对这一问题存在不同的理解：有人认为，慈善组织设立的投资管理公司具有独立法人资格，其资产和行为与慈善组织自身区分，其行为也不适用《办法》，因此不应限制这类投资管理公司的投资活动。也有人认为，如果这类投资管理公司的主要资金来源于慈善组织、收益主要归属于慈善组织，投资决策也受到慈善组织的影响，那么如果不对此类投资管理公司的投资活动进行限制，《办法》的规定会轻易被慈善组织规避开。

（四）对慈善组织股权投资的评估标准有待明确

经调研发现，股权投资在接受慈善组织评估时，如果投资亏损，会被直接给予负面评价。据称，这样评价的依据是《慈善组织保值增值投资活动管理暂行办法》规定的“股权投资是以保值增值为目的”，如果没有实现保值增值的，就认定为慈善组织没有履行应尽的义务。但是，股权投资本来可能就很难立刻产生回报，特别是出于影响力投资目的的股权投资，可能等待的时间更长，更需要资本具备“耐心”。但是在评估过程中，评估方很可能从一两年的亏损情况就判定慈善组织没有履行相应义务。

对待这类长期投资，建议综合考察，从是否进行充分的风险控制的角度和风险承担能力来判断，而非将结果是否有亏损作为一个主要的判断指标。如果该股权投资充分论证、审慎实施，严格遵照制度执行，对整体资产的影响不大，也是实现宗旨的一种可行方式，可以适当放宽评估指标的判断标准。

二、慈善组织投资专业能力欠缺

（一）财务与资产管理综合能力有待提升

投资活动是专业性极强的业务活动，而一般的慈善组织缺乏具有专业技能的工作人员，很多慈善组织是由财务人员来做投资管理，但是财务人员并不是专业的资产管理人员，进行专业投资活动有局限性。

薪资水平是影响慈善组织专业投资人才储备的重要因素。慈善组织的薪资较其他企业、金融机构而言并不具有优势。专业投资人才角度，较低的薪资水平不具有吸引力，难以吸引并长久留住专业投资人才。慈善组织角度，聘请专业投资人才的人力成本较高，只有少数规模较大的慈善组织可以配备专业人员，大多数小慈善组织并不能够配备专业的投资团队。从而造成客观上慈善组织投资能力的不足。慈善组织的免税资格的获取，必须满足工资福利低于同行两倍的标准，这一标准也决定了难以用市场水平的待遇聘请到具有合适的投资背景的人才。

为了弥补理事会和秘书处投资能力方面的缺陷，不少慈善组织专门成立了投资管理委员会，邀请外部专业人士担任委员。但是由于慈善财产的特殊性，从实践的情况上看，投委会要么是无暇顾及慈善组织的投资，要么就是不愿承担具体的投资建议的职责。所以不少慈善组织看似不缺乏专业的金融人士作为顾问，但是实际的投资效果却不尽如人意。

（二）股权投资风险控制能力薄弱

相关调研发现，部分慈善组织进行股权投资但却不认为自己做的是股权投资，缺乏相应的风险控制意识。比如，有组织投资了一家社会企业，却不认为自己做了股权投资（因为主要不是为了获取财务回报，更多的是为了扶持社会企业）；还有慈善组织为了可持续性发展的业务需要发起设立全资子公司，偶尔承接服务性的收费业务，同样缺乏股权投资的意识。其他从事股权投资的组织，也都会在某些环节存在风控能力薄弱的问题。

1. 尽职调查不足

尽职调查的作用，在于尽可能全面地获取目标公司的真实信息。一是价值发现，二是风险发现，三是投资决策辅助。主要内容包括业务尽职调查、财务尽职调查和法律尽职调查。有的慈善组织未充分意识到投前尽职调查的必要性和专业性，尽职调查不够深入彻底。有的慈善组织尽管重视尽职调查，但由于执行人员缺乏商业投资的专业背景，难以通过调查识别相应的风险。比如有的慈善组织难以通过被投资公司的财务报告及相关财务资料判断财务风险和未来投资前景；有的难以通过资产和业务的产权状况和法律状态判断现存的法律问题和风险。最终由于尽职调查的疏漏，慈善组织投资了缺乏长期投资价值的股权，产生了一定的投资损失，甚至为慈善组织的品牌声誉造成不利影响。

根据相关司法判例，曾有基金会在因股权投资受到主管部门处罚后不服处罚提起行政诉讼。基金会辩称产权纠纷是导致股权无法入账的客观原因。但经过法庭调查，产权纠纷早在基金会 2009 年接受捐赠前几年就已存在，如基金会做到了基本的尽职调查，本着为基金会利益而投资的目的，不应接受此类长期无法入账的捐赠资产，也无法使用该资产实现基金会的公益宗旨。最后该基金会被法院驳回起诉。

2. 缺乏股权投资的专门性制度和流程

股权投资作为高风险、低流动性的投资类型，和一般的资管产品投资有所不同，有必要对其在制度中进行特别规定。从相关调研来看，慈善组织在股权投资制度建设方面普遍存在以下几类问题。

一是股权投资未被作为重大投资予以特别关注。法规要求重大投资须经决策机构三分之二以上的人员表决通过，但是哪些是重大投资，则完全交由各个慈善组织自主决定。一般而言，单项投资的金额较大，投资类型的风险较高的投资，都应该在制度中被列入重大投资的范围。很多机构都将整体投资计划和大额投资作为重大投资，但未纳入股权投资这类高风险的投资种类，足见他们对股权投资可能带来的风险重视不够。

二是未对股权投资进行集中度管理。投资集中度管理是分散投资风险的重要控制手段，也就是说多元化的投资可以有效降低风险，即“不将鸡蛋放在一个篮子里”。慈善组织可以从购买金融产品投资方向的分散度——比如投资股票、债券、股权的资产占可投资资产总额的比例来对整体投资进行集中度管理。而从目前从事股权投资的数据上来看，有些基金会50%以上的资产用于股权投资，如果股权投资失败，很可能对基金会整体资产造成很大影响，甚至影响基金会的存续。

三是股权投资的终止、退出缺乏专门规定。慈善组织的投资终止和退出等规定一般都是统一性的内部制度规定，且都较为原则。比如，规定如果资产价值下降10%后进行止损或者退出；投资不再具有投资价值，或者投资管理人存在重大风险等情况，会规定终止和退出。但是这类规定都相当原则，缺乏具体的可操作性的规定。尤其是10%止损线的规定，难以适用于缺乏实时净值披露的股权投资。对这些类型的投资，没有办法制定一套标准的、灵敏的、快速的止损机制，更多地依赖于与投资管理人或被投资企业的协商沟通。而股权投资和一般投资的相关规定混于一体，难以形成股权投资的有效管理。

3. 投后管理缺位

投资交割后直到退出之前都属于投后管理的期间，在整个股权投资的过程中持续时间最长，花费精力最多，对于实现投资目的具有十分重要的意义。一般慈善组织通过几种渠道和方式参与投后管理，一是参加被投资企业的股东会、董事会和监事会，二是通过经营报告跟踪监控被投资企业经营状况，三是采取日常联络与沟通机制，了解企业日常经营情况。

慈善组织对被投资公司进行股权投资后，一般依法享有股东权利，可以委派代表参加被投资公司的股东会，行使表决权。慈善组织向被投资公司提名董事、监事的，慈善组织的工作人员受慈善组织委托可以作为董事或者监事参与被投资企业的董事会、监事会，行使表决权。也有慈善组织进行股权投资后，并不实质行使表决权，而是将表决权委托给其他人员，实质仅享有收益分配权等权利。但实践中，经常看到慈善组织缺乏投后管理的意识和能力，没有对被投资标的进行追踪和监控，不仅可能多年没有获得分红，有的还面临其他的风险。

在上述的股权投资行政诉讼一案中，基金会 950 万元股权投资自 2011 年成立公司以来一直未实际运营，未取得投资收益，导致基金会资产被长期占用。该 950 万元投资行为发生在 2011 年，基金会 2011 年度工作报告时期末总资产为 1400 万元，基金会 70%的资产都用于该笔投资。从 2011 年投资后长达 5 年内 950 万元的基金会的资金没有任何收益，导致基金会的绝大部分资金不仅没有有效用于慈善事业，而且也没能在政策变化的情况下及时采取相应措施实现资产保值增值。

第四节　慈善财产股权投资的机制建设

一、补充股权投资决策和管理流程的相关规定

股权投资，特别是直接的股权投资，有别于一般的资管产品投资，

对投资人的投资能力要求较高，而且其风险性对慈善组织的慈善支出可能会造成一定影响。建议监管机关对股权投资进行适当的补充性规定，覆盖整个投资流程，建立相对系统和独立的管理规范。强制性的规范和软性的操作指引或者评估规则的界限是需要着重考量的方面。在《慈善组织保值增值投资活动管理暂行办法》出台前，征求意见稿实际上基于风险防控作了更多的强制性规定，有的甚至借鉴了社保基金和养老金，规定了具体的比例等量化的要求。但是由于慈善组织类型多样，资源能力各异，整齐划一的强制性规范难免过于刚性，而且对执法能力的要求也比较高，最后办法又回归了原则性规定。有鉴于此，本文建议针对股权投资进行决策和流程上的一些必要性规定，其余的则留给机构自主确定。

第一，将股权投资纳入重大决策的范围。法规要求重大投资须经决策机构三分之二以上的人员表决通过，而重大投资的具体范围，则完全交由各个慈善组织自主决定。基于股权投资的特性，以及慈善组织普遍投资能力不高的现状，法规有必要对股权投资的决策进行强制性要求，而非仅仅停留在选择性要求。具体而言，直接股权投资的启动、重大变更、终止退出等重要事项建议纳入重大决策的范畴，必须经过决策机构决策。

第二，要求组织对股权投资制定专门的管理流程。比如，针对投前、投中、投后的要求，监管机关要求组织进行整体流程规定，并按照流程进行事项备案或者信息披露。通过流程规定以及执行的情况，来判断组织的决策者和执行者是否满足办法所规定的审慎和忠实义务。比如，投前为了控制股权投资的集中度，避免造成该项投资产生危及组织生存的风险，可以要求流程中有集中度考核的环节，集中度较高的在决策的方案中须予以必要性说明；再如，在投后管理环节，需明确被投资方一般在哪些情况下需要采取必要的预警或者止损的措施，组织在管理流程中应当予以规定。至于具体集中度应该定多少比例、止损线如何确定，相关规定可以不作涉及，留给组织自行确定。

二、细化投资范围的规定

（一）首先明确直接股权投资的界定标准

由于直接股权投资的判定关系着是否适用“相关性”的投资范围，而现有规定缺乏对其明确的解释，这就导致实践中可能出现各行其是的局面。慈善组织通过私募股权投资基金或其他慈善组织自己设立的投资管理公司、私募股权投资基金、投资管理公司，这类投资架构本身是否属于直接股权投资。由于实践中有不少基金会都设置了这样的投资架构，这个问题需要明确的认定和解释。另外，通过自己设立并控制的投资管理公司等投资架构来进行投资，是否仍需要满足相关性的标准？如果当然地认为不需满足，《办法》的规定会轻易被慈善组织规避开。

（二）明确如何界定“相关性”

投资标的业务只要不明显偏离慈善组织的业务范围，是否就可以被认定为相关？比如，要搞清楚从事助学的慈善组织是否就可以当然地直接投资一家从事线上在职教育的公司（都属于教育这个大类），而不论该公司从事的教育细分领域实质并不在慈善组织的助学细分领域内，且对该公司的投资实际上对促进慈善组织从事慈善活动，实现慈善宗旨基本没有助益。当初起草说明中所描述的“相关性”标准的目的，一是为了减少通过设立营利性公司进行利益输送的可能性，二是为了避免因为股权投资占用慈善资金从而影响慈善支出。而当“相关性”不明确时，或者有较大解释空间时，这个标准实际上可能并不能达到最初的立法目的；而且如果法规主要只靠“相关性”来限制股权投资，其他都留给组织自治，即便相关性从严解释，恐怕也很难实现立法目的。比如，慈善组织投资于自己业务范围中的细分领域，但是投资的集中度非常高，可能高达总资产的50%以上，并且投资标的可能存在以其他营利性为目的的商业投资者作为股东，在缺乏其他规定的情况下，是否还是容易出现因这类投资影响慈善活动以及利益输送至其他商业投资者的风险呢？

我国的股权投资的具体标准，可以参考美国的相关规定。美国税法将慈善组织的经营性收入分为与公益目的相关和不相关两种类型，并赋予其不同的税收待遇。不相关的经营性收入应满足如下三个构成要件：收入来自贸易或经营（From A Trade or Business），经常性的运营（Regularly Carried On），和免税组织的免税目的实质上并不相关（Substantially Unrelated to The Organization’s Exempt Purpose）。判断是否满足第三个构成要件时会考察某一活动的进行是否与该组织的免税目的的实现有实质上的因果联系。审查某一活动的实施是否对该组织的免税目的有重要的贡献（Contribute In An Important Way）。考察某一活动对免税目的是否存在“重要的贡献”，需要在考虑免税目的的性质、程度的基础上，考察该活动的规模、程度。

在决定股权投资设立商业实体时，慈善组织必须决定这项投资是：（1）满足受托义务以及符合审慎投资法律规定的审慎投资；（2）主要是为了促进公益目的的实现的项目相关投资（“Program-related” Investment）。如果下设实体的设立是和公益目的不相关的，那么只有第一个选择是可行的。审慎投资标准一般由州的统一审慎管理机构基金法（Uniform Prudent Management of Institutional Funds Act）规定，在美国目前几乎所有的州都通过了该法。

美国的项目相关投资的首要目标并非获取利润，而在于推动被投资机构为投资方所关心的特定议题提供更好的方案、产品和行动。同时，项目相关投资的核心要义，在于利用慈善资金克服市场在为弱势群体提供产品和服务方面可能出现的失灵，从而通过强化——而非削弱或者替代——市场机制的方式持续推进慈善使命。在现实中，针对弱势群体的产品和服务往往存在交易成本高、边际利润低和不确定性强等问题，难以吸引到商业投资。不过，如果这些产品和服务的提供者能够迈过最初的发展门槛，就像盖茨基金会投资 bKash 案例所展示的那样，就很可能通过规模效益显著降低成本，从而为自身持续发展提供足够的资金回报。而当像 bKash 这样的企业能够“自我造血”后，公益投资者就可以将资金转移到其他同样具有前景和潜力的项目上去。

不难发现，美国制度中的“相关性”有着相对明确的判定标准，特别是其中的“重要贡献”。另外，项目相关投资的首要目标也明确为“并非获取利润”，而且对投资标的是否难以吸引到商业投资等情况也有相应的要求，和我国立法中基于保值增值目的的股权投资有着较大差异。基于我国的立法目的和实践需求，相关性可以做进一步的限缩解释，可以明确细分领域相关而非大类相关，也可参考重要贡献原则。“直接股权”投资的直接判定标准，建议可以按照实质重于形式的原则来进行判定。

三、制定股权投资风险控制指引

慈善组织的投资必须和风险识别能力和风险承担能力相匹配。如果出现违法违规的行为，并且导致投资损失的，相关人员需要承担相应的责任，但是具体内容完全留给组织内部自治。实践中，如何判断该投资是否和慈善组织自身的能力相匹配？如果不匹配，需要承担什么责任？违法违规的判定标准过于模糊怎么办？内部制度本身制定得过于粗疏怎么办？

慈善组织的投资的风险控制规定或者责任承担的规定都比较原则，而在资本市场上慈善组织又被认定为“专业投资者”从而无法得到普通投资者享有专门保护。为了进一步控制投资风险，有必要细化股权投资管理标准，尤其是投资人审慎义务的判定标准。该标准能够比较清晰地指引慈善组织从投前到退出的整个投资管理，同时也能够作为风险事件发生后责任承担的判断依据。

美国慈善组织中私人基金会和公益慈善机构的投资活动，一般都需要符合各州法律关于审慎投资的规定。各州公司法为非营利公司制定了一套标准，指引这些公司的董事进行投资。例如，加利福尼亚州的慈善组织要遵循“谨慎人”的投资标准：在投资、再投资、收购、换股、销售、管理投资时，董事们必须避免投机，而应着眼于更长远的资金运作，要考虑公司可能的收入额以及公司资本的安全。这一标准不适用于直接和公司的公益目的相关的资产①。

几乎被所有州予以采用的《审慎管理机构资金统一法案》（UPMIFA，以下简称“法案”），囊括了一套受托人管理并运作机构资金的准则。这一准则适用于任何机构，不限于拥有留本基金的慈善组织。在前述法案下，审慎投资的标准包括：任何负责管理、投资机构资金的人，在履行职责时，应当遵循诚信原则，并尽到一个一般审慎人会尽到的注意义务②。在非营利法人的机构资金的管理、投资的忠实义务的标准上，法案采用了“现代组合投资理论”。故而，单个资产的投资决策需要在组合投资的语境下作出；每一笔资产的投资，是一个更宏观的投资计划的一部分；投资计划应当根据机构自身情况，合理规划，平衡风险和利润；单笔投资自身不会被视为“不审慎”；除另有特殊情况，机构必须使投资多样化。

综上，美国慈善组织股权投资一般必须遵循审慎投资法律规定，以判断慈善组织的这项投资是否满足审慎义务。如果被认定是与公益慈善相关的投资，可以不适用统一的审慎投资法律规定（即考虑到目的的特殊性，对审慎义务的要求相对有所放宽），私人基金会可以不受到持股20%的比例限制，另外在税收上会有相应优惠。如果捐赠人明确约定投资方式的，也可以不适用审慎标准以及投资多样化的规定。

还有，我国的社保基金、养老金和保险资金的股权投资都有专门的

---

① California Corporations Code §5240（a）. For charities formed as trusts rather than corporations, trust law instead of corporate law would provide the applicable prudent investor standard.

② UPMIFA §3（b）.

规章予以规定，在投资范围和风控措施上有一系列的强制性规定，也是针对这些具有公共性质资产的高风险投资的制度保障。我国慈善资金和上述资金性质虽不完全一样，但是也具有一定的相似性，在制度设计的时候可以适当借鉴。

结合我国的相关立法或者行业指引，可以考虑建立覆盖股权投资全流程的风险控制指引。这套标准应当充分考虑到慈善组织股权投资的特殊性，进行类型化规定，区分纯粹的财务性投资和业务性投资。除了一般性的股权投资从投前到投后的风控标准之外，还有以下几点需要关注。

第一，慈善组织之外的其他投资者介入投资，如何避免可能出现的利益输送。慈善组织必须确保其投资获得充分的回报，而且必须避免其慈善资产输送到营利性的投资者。慈善组织必须获得体现公平市场价格的股权回报。有可能需要评估来确认其出资或其他投资者出资的价值，这样使得各个出资者都能获得与出资比例相符的回报。慈善组织和其商业实体之间的任何交易，包括授权、租赁、借贷等都必须以公允市场价格或者有利于慈善组织的价格进行。任何相关的关联交易和可能导致的利益输送都必须引起注意。

第二，控制慈善组织声誉风险。慈善组织从事股权投资，无论是直接投资还是间接投资，除了投资本身存在的投资亏损、本金灭失风险之外，还要特别关注被投资企业及其股东、管理人员、工作人员在经营过程中的行为给慈善组织的声誉造成不利影响的风险。

除上述明确规定的行为外，为了保护慈善组织的声誉和利益，建议注意避免出现如下不当行为：

（1）被投资公司从事违反国家法律法规、产业政策、社会公序良俗，高投机性的业务；

（2）慈善组织的理事、负责人、工作人员的近亲属在被投资企业兼职或领取报酬；

（3）被投资公司与慈善组织的主要捐赠人、理事、负责人、工作人员或其近亲属之间存在关联关系或利益输送行为；

（4）慈善组织与被投资公司之间混用人员、资产，混同开展业务；

（5）被投资公司滥用慈善组织的名称、商标开展营利性活动；

（6）慈善组织利用被投资公司变相开展经营性活动。

第七章

我国股权慈善的发展展望

随着我国经济社会的持续发展和居民财富观念的转变，股权财富在居民财富和资产配置中的占比可能持续提升。党的十九届四中、五中全会均强调，发挥第三次分配作用，发展慈善事业，最终实现全社会的共同富裕。股权慈善具有持续性、专业性和多样性的特点，在社会转型、国家治理能力和新时代文化建设过程中能够充分发挥第三次分配的作用，更好地助力实现共同富裕。

第一节　社会转型背景下的股权慈善

社会转型是社会的经济结构、文化形态和价值观念发生深刻的变化，在这个过程中，社会管理得以加强，民生得以改善。股权慈善对于推动社会转型有积极意义，但是也存在社会认知度需要提升和运营模式优化等问题。

一、股权慈善对社会转型的意义

社会转型是以人为价值出发点和核心的多重价值目标共同发展的过程，应当始终包含对个人和社会发展的终极关怀，应当把以实现人的各种需要为目的的全面自由发展和人类社会的整体进步视为根本价值。①

2021 年 8 月 17 日，中共中央总书记、国家主席、中央军委主席、中央财经委员会主任习近平主持召开的中央财经委员会第十次会议指出，“要坚持以人民为中心的发展思想，在高质量发展中促进共同富裕，正确处理效率和公平的关系，构建初次分配、再分配、三次分配协调配套的基础性制度安排，加大税收、社保、转移支付等调节力度并提高精准性，

① 李钢．论社会转型的本质与意义［J］．求实，2001（1）：55—57.

扩大中等收入群体比重，增加低收入群体收入，合理调节高收入，取缔非法收入，形成中间大、两头小的橄榄形分配结构，促进社会公平正义，促进人的全面发展，使全体人民朝着共同富裕目标扎实迈进”。当前，我国正处于第三次社会转型的十字路口，经济体制、政治体制、文化体制、社会体制等多方面的改革在持续进行中，最终实现社会公平和可持续发展。在社会经济生活快速发展变化的时期，为顺应人民群众对美好生活的向往，慈善事业被赋予了重要的使命。

慈善组织和慈善信托对于社会稳定和社会和谐发展发挥着重要作用。随着经济发展和社会转型的深入，我国也面临着从储蓄型社会向投资型社会的转变，股权在居民财富中的重要性日益凸显。经济发展取得的部分成果，如民营企业的发展、高净值人群的增加等，为股权慈善的健康发展创造了有利条件，而股权慈善的不断深化又可以反哺社会转型发展。

二、社会转型背景下股权慈善发展存在的问题

随着我国慈善事业发展以及相关法律法规的逐步健全，股权慈善近年来得到了初步的发展，许多企业家以及高净值人士也开始选择股权捐赠作为践行公益的重要方式，但同时也存在公众对股权慈善的认知不足、制度驱动力不足等问题。

一是在对股权慈善的认知上，我国传统慈善以扶贫、济困、救灾、助学等“托底”类慈善目的为主，资金和物资是主要的慈善财产。由于股权慈善起步晚，公众对于股权如何做慈善，特别是对于成为慈善财产后的股权如何管理运作，存在认知上的不足。此外，公众对于传统慈善存在的认知问题，如透明度、运行机制和必要性等，在股权慈善中同样存在。由于公众对股权慈善的认知还落后于整个社会的转型认识，如何使股权慈善与社会转型同步发展，仍有很多工作要做。

二是在发展方式的驱动上，我国慈善事业发展逐步引入了社会力量办慈善，但慈善的活力和效率相对而言仍比较低。股权慈善这一相对新

颖的慈善方式，如何发展才能够提升民营企业家和超高净值人士的参与度，与企业的经营发展、个人的工作与生活有机结合，也是需要关注的问题。

三是在制度建设方面，目前关于股权慈善的制度相对欠缺，也不利于鼓励和促进股权慈善的发展。股权慈善涉及的问题多、范围广，财务、税收、法律、企业的经营管理等一系列问题，没有健全的制度保障，股权慈善的发展难以持续。

三、社会转型背景下股权慈善发展展望

股权慈善作为慈善事业中较为新颖的方式，其自身具有持续性、专业性以及多样性的特点，未来能够充当良好的慈善改革工具，更加灵活地促进我国慈善事业的发展，更好发挥第三次分配的作用，助推共同富裕的实现。

第一，专注提升慈善组织内部能力建设。股权慈善目前面临的主要问题有两个，一是筹集困难，二是捐赠成本较高。为了解决这两个问题，需要从慈善组织本身的内部建设做起。首先需要慈善组织使用有效的筹措策略，根据实际情况选择差异化的募集方式，打开股权慈善的渠道来源。其次是研究定制化的税务优惠操作体系。当前股权捐赠面临很多税务优惠的操作问题，且整体流程繁杂，容易打消很多捐赠人的想法。为企业或超高净值客户制定一套定制化且简便的税务优惠操作程序能够提高参与股权慈善的热情。

第二，重视开放慈善组织的股权投资范围。我国经济社会发展以加快转变经济发展方式为主线。在这样的背景下，诸如高端制造、绿色低碳产业、人工智能和大数据等得到了国家的资源倾向，行业迎来了快速发展。为帮助慈善组织解决慈善资金增值的问题，利用股权投资为慈善事业创造利润，应重视开放慈善组织的股权投资范围，使慈善资金参与经济转型带来的产业发展红利。

第三，信息科技将赋能股权慈善发展。信息科技对慈善事业的发展越发重要，信息科技改变了慈善机构只能依赖银行汇款和线下募捐的传统模式，降低了筹款门槛，方便了民众捐赠活动的开展。通过各种网络社交平台，公益慈善传播的速度得到极大提高，传播成本极大降低，快速推动了我国公益慈善事业的发展。与此同时，互联网公益正在更深入地尝试结合新形势、进行新探索。通过引入区块链技术用以提高透明度，在加大透明模板力度的同时，还将可溯源、可回查、不可随意更改，数据信息全程可追踪技术加入进来。随着科技赋能慈善事业，股权慈善也将随之进入移动互联时代，信息科技对股权慈善发展的影响也将越来越大。

第四，三次分配引领下的股权慈善更好促进社会转型发展。随着我国经济持续发展，从储蓄型社会向投资型社会转变，股权在居民财富中的重要性日益凸显，股权慈善作为慈善事业中较为新颖的工具，未来发展方向仍需探索。目前我国正处于第三次转型的关键时期，而三次分配的正式提出，将引领股权慈善更好服务国家发展战略，成为我国社会转型发展的重要动能，最终实现社会公平和可持续发展。

第二节　国家治理能力现代化进程中的股权慈善

一、股权慈善对国家治理能力现代化的意义

党的十八届三中全会将完善和发展中国特色社会主义制度、推进国家治理体系和治理能力现代化确定为全面深化改革的总目标。《中华人民共和国国民经济和社会发展第十四个五年规划和 2035 年远景目标纲要》（以下简称“十四五”规划）提出，要加大税收、社会保障、转移支付等调节力度和精准性，发挥慈善等第三次分配作用，改善收入和财富分配格局。同时提出推动民营企业守法合规经营，鼓励民营企业积极履行

社会责任、参与社会公益和慈善事业。党和政府更加重视慈善在实现国家治理体系和治理能力现代化中的作用。民营企业家、高净值人士作为我国慈善事业强有力的潜在参与者，其通过股权方式参与慈善事业将大大推动国家治理体系和治理能力现代化的进程。

二、国家治理能力现代化背景下股权慈善发展现状

整体而言，股权慈善作为我国实现国家治理体系和治理能力现代化的重要措施，其主要形式已经得到国家的合法支持，显示了慈善事业正处于高速发展的阶段，但股权慈善发展和国家治理现代化的期望仍有较大差距。

第一，股权慈善相关配套不全。我国的慈善事业起步较晚，仍存在诸多体制、机制和实践上的问题。慈善法的出台及相关法律配套政策得以实施，股权慈善和慈善信托等慈善模式得到相对迅速的发展。然而，股权慈善仍存在相关评估、咨询、能力建设乃至创投服务方面配套不成熟，存在着社会服务、社会治理、社会救助等事务参与度不足的现象。

第二，我国股权慈善总量偏少。我国慈善捐赠资金近年来取得较快增长，但股权慈善占比较低。慈善法出台以来，慈善信托规模明显增长，但其中股权慈善信托很少。虽说近年来，曹德旺、迎驾集团、海亮集团、爱尔医疗等民营企业家或企业先后宣布捐赠一定数量所持企业股票到相应的基金会，但因我国股权捐赠相关法律法规尚未健全，所以较之国外的股权慈善捐赠的数量仍然较少，落地较慢，不论是从组织数量上，还是管理资产总量上，股权慈善与国家治理现代化的期望仍有着明显差距。

第三，慈善组织发展整体受制于其他部门。慈善组织作为我国“第三部门”的重要成员，会受到政府、企业等第一和第二部门影响，通常需要依赖其他部门的力量，经常受到政策和资源的限制及外部力量各有所需的影响。我国慈善组织整体上仍有较大的发展空间，需要政府、企

业等社会各界的大力支持。随着慈善组织的成长壮大，我国股权慈善亦有更大的发展空间。

三、国家治理能力现代化进程中的股权慈善发展展望

慈善组织在国家治理尤其是社会治理中具有社会凝聚、协同治理、精细服务等多种功能，可以为国家治理尤其是社会治理添砖加瓦，并在一定程度上弥补由政府短板和市场失灵所带来的某些缺陷，在国家治理现代化中扮演重要角色①。要实现股权慈善与国家治理能力现代化的期望匹配，必须采取有利于股权慈善的有序发展的科学措施。

一是进一步完善股权慈善的制度体系。当前我国的慈善事业的市场化水平仍然有所欠缺，为了促进慈善事业的发展，需要依托国家治理的优势之一——中国特色社会主义市场经济来开展各项任务及工作。这要求慈善事业实施更大范围、更宽领域、更深层次的全面开放，推动规则、管理、标准等制度性开放。为了提升股权慈善的规模及股权慈善的收益，需要进一步放开股权慈善的相关限制，让市场化制度融入慈善事业中，激活慈善组织的效能。

二是注重股权慈善民间化与专业化。随着国家治理体系和治理能力现代化的不断深入，民营企业得到不断发展壮大，已经成为促进经济发展、调整产业结构、繁荣城乡市场、扩大社会就业的重要力量。开放民间资源流入慈善领域能够有效激发其内生动力，巩固可持续发展的基础。这就要求鼓励和引导民间资本进入股权慈善的领域，规范设置股权投资的准入门槛，创造公平竞争、平等准入的市场环境。与此同时，股权慈善作为金融和慈善融合的产物，涉及金融、税务、咨询、法律、慈善服务等多个领域，为确保股权慈善的健康发展，需要相关专业人士共同努力。结合国家治理体系和治理能力现代化的背景，政府需要通过各

---

① 谢俊贵，陆珍旭．面向国家治理现代化的社会组织发展［J］．南京邮电大学学报（社会科学版），2020（6）：22—33.

种措施，切实推动高等院校培养与股权慈善相关的专业人才，鼓励教育部门、人力资源部门、行业协会等加强人才培训，并提供人才所需的物质条件。

三是支持构建股权慈善的生态系统。鉴于股权慈善涉及的工作场景、员工的专业素质与传统的慈善事业有较大的不同，围绕股权慈善将会出现大量的支持性机构。依托股权慈善包含的内容，可以拓展不同类型的慈善以及非慈善的项目，如评估、咨询、能力建设乃至创投服务进入慈善的生态体系中。这不仅可以促进慈善组织管理的现代化，更可以让慈善组织的影响力辐射到社会的各行各业，也有助于股权慈善的宣传。

四是更好发挥股权慈善在三次分配中的作用。我国慈善事业和股权慈善的发展都是社会主义市场经济发展到一定阶段而兴起的，三次分配和共同富裕在国家层面正式提出后，股权慈善可以更好发挥自身持续性、专业性和复合性的特点，为推进慈善事业的高质量发展、促进共同富裕实现发挥不可替代的作用。未来，随着三次分配以及相关配套制度的建立健全，股权慈善必将成为深度参与社会治理、助力推进共同富裕的重要角色。

第三节　新时代文化建设过程中的股权慈善

一、股权慈善对新时代文化建设的意义

党的十九大报告明确指出，“文化自信是一个国家、一个民族发展中更基本、更深沉、更持久的力量”“没有高度的文化自信，没有文化的繁荣兴盛，就没有中华民族伟大复兴”。随着中国特色社会主义进入新时代和人民群众对美好生活的需要日益旺盛，文化建设在“五位一体”总体布局的位置更加凸显，在实现中华民族伟大复兴的宏伟目标中将承担更

加重要的历史使命①。

慈善事业有很大一部分是依托社会文化体系而发展的，慈善文化是文化体系的重要组成部分。我国历史中的儒家文化将慈善作为一种道德驱使的自律要求，行善与否与个人的性情爱好或道德操行密切相关。我国的慈善发展路径更多是自上而下，由政府部门出面运作，对老百姓的主观能动性调动不足②。在传统的慈善受到冲击、百姓慈善意识淡薄、慈善理念差异明显的情况下，重视文化建设对慈善的改造尤为必要。而在慈善事业中作为新兴事物的股权慈善，同样需要文化的指引，借助政府、社会、企业等的共同努力，为股权慈善的健康发展创造良好条件。股权慈善的发展反过来可以促进新时代文化建设，为文化体系的进一步成熟完善注入新活力。

二、新时代文化建设过程中股权慈善的发展现状

从文化建设角度来看，目前我国的慈善事业仍然存在着不少问题。当慈善事业无法在一个相对有利成长的环境中发展，股权慈善作为慈善事业中更加成熟的分支，其发展也将受到影响。

第一，公众参与意识淡薄、慈善观念有待提高③。从相关的社会调查来看，我国有半数的群众不太了解慈善事业。有的人会认为慈善是政府的救济，慈善应该政府负责；有的认为慈善是富人所为，普通人离慈善距离很远；还有的人认为慈善只会作用于自己的亲人。近年来，随着互联网的发展，社会公众对慈善的参与度有所提升，但慈善事业作为一项全民参与的社会公共事业，慈善观念在我国仍有待提高。

第二，企业社会责任意识有待提高，企业的慈善文化建设不成熟。由于企业拥有强大的资源，在推动慈善事业，尤其是股权慈善方面起着

① 杨永恒．新时代我国文化建设的使命和任务［J］．行政管理改革，2018（1）：35—38.

② 杨方方．慈善文化与中美慈善事业之比较［J］．山东社会科学，2009（1）：76—79.

③ 武菊芳，薛涛．关于我国慈善文化建设的多维思考［J］．河北师范大学学报（哲学社会科学版），2011（1）：122—127.

十分重要的作用。然而相对于数量庞大的各类企业，积极主动参与慈善事业的企业仍然是少数，从慈善活动的频率来看，企业的捐赠行为具有短期性或突发性，也缺少规范化的运转机制。而其中的股权捐赠参与者更少，只有少部分企业家参与其中。

第三，我国传统的慈善文化相对滞后。我国传统的慈善文化强调的是一种重视道德教化的慈善，由于我国传统一直以来的“熟人社会”，使得行善更多是遵循由近及远、由亲及疏的原则，慈善活动也多数集中于救济方面。新时代的文化建设对传统的慈善提出了新的要求。现代化的慈善强调人格平等基础上的关爱、社会责任、理性财富观念、志愿精神等理念。延伸到具体的慈善活动中，慈善活动已经扩展到关爱自然、关爱全人类等范畴，相比从前的扶贫济困、赈灾援助有了更远大的诠释。结合我国的具体情况来看，需要通过新时代文化建设的契机，将传统的慈善文化进行转型与升级，融合海外的慈善文化，让慈善的影响力不断扩展。在整体慈善文化相对落后以及股权慈善发展还不成熟的背景下，股权慈善在新时代文化建设中有许多需要改进的地方，慈善理念、慈善活动、慈善组织架构等都是未来潜在的变革方向。

三、新时代文化建设过程中股权慈善的发展展望

股权慈善在新时代文化建设背景下的发展，既要从当前我国社会对慈善事业的诉求出发，也要从现代化、全球化的高度上扩大与世界文化交流与融合中思考。结合新时代文化建设的指导原则，为了更好地构筑中国精神、中国价值、中国力量，为人民生活提供精神指引，需要政府和社会的共同努力。

一是需秉持政府在股权慈善的文化建设中的核心地位，确立符合中国特色社会主义核心价值观的慈善文化。慈善文化是一个复杂的综合体，涵盖了不同的社会形态、不同历史时期下的内涵和表现形式，这意味着在不同国家、不同民族都可能会有不一样的诠释。针对我国的慈善文化

的建设，一方面是需要立足我国国情，传承和弘扬我国的优秀慈善文化，把我国传统文化中乐善好施、扶贫济困、尊老爱幼、守望相助等美德发扬光大；另一方面，主动借鉴吸收国外的股权慈善运作经验，建立符合我国文化底蕴的股权慈善运作机制。

二是在第三次分配大背景下，慈善文化的内涵不断丰富。政府引导、政策激励是慈善事业发展的必要条件，但并不是全部要件。慈善事业在发展，慈善文化的内涵也在更新。新时代慈善的善行义举是社会共同富裕的直接体现，是对社会公平正义的追求，是对全社会成员美好生活的向往。发展并丰富慈善文化，是实现慈善事业可持续发展的根本保障。我国慈善文化是社会主义核心价值观的重要组成部分，平等互助、社会责任、人文关爱、开拓创新是慈善文化的基本理念。新时代慈善文化建设贯穿于我国社会经济发展的全过程，激发各类市场主体活力，促进市场主体高质量发展，优化收入分配结构，健全多层次社会保障体系、构建基层社会治理新格局等，都离不开慈善活动的积极参与。股权慈善在深度参与社会和经济发展活动方面有独特的优势，充分认识慈善的功能与价值、理解慈善文化的丰富内涵，是新时代股权慈善事业发展的重要内容。

三是提高社会公众特别是民营企业家的慈善意识，让股权慈善来到历史舞台的重要位置。股权慈善的长足发展，离不开社会各界慈善意识的提高，离不开慈善理念的普及。而要培养公民的慈善意识，可以通过教育等措施将慈善纳入我国公民的教育体系中，将公民的慈善意识随着教育一代代传下去。目前，我国的股权慈善更多是少数有慈善理念的超高净值人士行为，股权慈善数量非常有限，在这样的背景下股权慈善的影响力就很小。我国“十四五”规划提出，要推动民营企业守法合规经营，鼓励民营企业积极履行社会责任、参与社会公益和慈善事业。因此，只有提高民营企业家、超高净值人士的慈善意识，才能让股权慈善来到历史舞台的重要位置。

四是加大慈善文化的宣传力度，助推慈善意识深入人心。股权慈善的发展离不开良好的慈善氛围，加大慈善文化的宣传力度，可激发包括民营企业家在内每一个慈善主体的慈善意识。一方面，无论是报纸、电台还是电视台等平面媒体和全媒体，还是互联网类的新媒体，都应该弘扬、唱响慈善主旋律，大力宣传社会上涌现出的善人善举。鼓励新闻媒体积极打通社情民意的反映渠道，办好反映贴近人民生活的慈善品牌栏目。积极组建互联网宣传队伍，培养骨干互联网评论员，加大社会热点、敏感的慈善事件正面宣传力度。另一方面，发挥表彰激励的正向引导作用。慈善法第九十一条规定国家要建立慈善表彰制度。虽然慈善的本质是不求回报的馈赠，但通过表彰慈善模范，褒奖先进人物、集体，利于在全社会营造一种慈善光荣、慈善可嘉的浓烈氛围，使慈善意识的培育凝聚崇德向善的正能量、实现社会主义核心价值观要求，在第三次分配中发挥更大的作用。

后 记

本课题于2021年1月正式立项，启动研究工作。课题的形成，源于对我国股权慈善事业发展过程的深度思考。自2005年蒙牛乳业尝试股权慈善以来，我国股权慈善经历了从无到有、从禁止到合法、从高税负到零税负的曲折发展历程。现阶段，股权慈善的发展依然面临一些瓶颈问题。在中国慈善联合会慈善信托委员会提出这一课题后，中国慈善联合会副秘书长刘佑平先生、中国慈善联合会慈善信托委员会主任委员蔡概还先生，以其对行业的深刻洞见和专业理解，对课题提纲形成、资料整理、基本观点给予了全面细致的指导。

呈现在大家面前的这本书，几易其稿，是课题组共同努力的结果。全书由中国慈善联合会慈善信托委员会常务副主任委员李宪明和清华大学公益慈善研究院院长助理李勇统稿，前言和后记由李宪明撰写；第一章由广东省和的慈善基金会秘书长汪跃云撰写，吕燕青提供前期帮助；第二章由万向信托慈善信托部、创新研究部总经理李元龙与锦天城律师事务所方海龙律师撰写；第三章由李勇与李元龙撰写；第四章由上海财经大学法学院副院长葛伟军教授撰写；第五章由中诚信托战略研究部总经理和晋予撰写；第六章由北京京益社会组织服务中心副理事长黎颖露撰写；第七章由百瑞信托研究发展中心总经理陈进撰写。中国慈善联合会慈善信托委员会副总干事彭伟宏承担了大量的课题资料整理和联络工作。

课题的完成得到了新奥公益慈善基金会的大力支持。基金会于2005年12月由新奥集团董事局主席王玉锁及所属企业捐资成立，承担着新奥集团履行社会责任的重任，以“关注节能环保，支持教育事业，推动社会和谐”为使命，以“慈心为人、善举济世、和谐共生”为价值观，实施了以绿色工程、建校工程、励志工程和素质工程为核心的多个公益慈善项目。截至2016年底，新奥有文字记载的用于公益慈善事业的捐款已近6亿元人民币，为推动和谐社会建设贡献了力量。课题研究还得到了中国慈善联合会秘书处的关心和指导，得到了中国慈善联合会慈善信托委员会各位委员的支持和帮助，在此表示感谢。

本书写作过程中，我国国民经济和社会发展第十四个五年规划和2035年远景目标纲要发布，要求发挥慈善等第三次分配的作用，改善收入和财富分配格局。中央财经委员会第十次会议明确指出，要坚持以人民为中心的发展思想，发挥第三次分配的作用，在高质量发展中促进共同富裕。这些政策的颁布充分肯定了课题研究的基本思路和方向，但也提出了挑战。在短时间内学习、理解这些政策和理念，并运用于实践的分析，并非易事。但课题组没有急于求成，也没有知难而退。大家集思广益、分享思想，按照理论与实践、实用与实效有机统一的原则，借鉴国际经验、吸收前人研究成果，运用一手文献资料和典型案例，完成了这一阶段性成果。由于我们水平有限，疏漏之处敬请指正。

期待股权慈善这一推动社会发展的制度创新能够在政府部门的支持下，健康、有序地发展，为我国慈善事业繁荣添砖加瓦。

李宪明

2022年3月